バンクーバー発！

4コマ漫画で体感するから話せる英語フレーズ

((音声DL付き))

米田貴之
(Q Yoneda)

本書の使い方

読む!

春夏秋冬1年のストーリーで
3人のキャラから英語を学ぼう!

↓

話す!

参加型音声ダウンロードで
キャラになりきってアウトプット
しよう!

ダウンロードURL
http://www.asuka-g.co.jp/

音源について

- 本書のすべての漫画のセリフを収録
- 音声は全部で4バージョン
  ①完全収録バージョン
  ②シノバージョン
  ③Qバージョン
  ④デイビッドバージョン

②〜④は、それぞれのキャラのセリフだけ無音になっています。なりきりたいキャラのバージョンを選択してアウトプットすれば、漫画の中でネイティブとリアルに会話できます！

① Where the hell do all these people come from!?	② It looks like we caught rush hour... SQUEEEEEZE...
③ How can people put up with this during the commute everyday!?	④ Well, this is Japan's famous jam-packed train for you...

シノバージョン
を選ぶと…
↓
この漫画の
2コマ＆4コマ
目は無音
↓
あなたの出番！

登場人物について

本書ではカナダ在住の3人の4月～3月の1年間の生活をベースに4コマ漫画のストーリーが展開していきます。
3人の1年間を追っていくことでネイティブが使うフレーズをどんどん吸収していきましょう!!

Q

本書の著者で、留学エージェントのカウンセラー、イラストレーター、英語セミナー講師と様々な肩書きを持つ。そんな経歴を活かし、生きた英語と文化を日本在住のすべての英語学習者に届けるべく精魂込めて漫画を描いている。
カナダに渡ったのは興味本位でカナダの高校に編入したのがきっかけ。最初は英語は喋れず、文化にも適応できずに苦労したが、日々ネイティブに囲まれて過ごすうちに段々と慣れてきて、今ではすっかりバンクーバーライフを楽しんでいる。

シノ

25歳。バンクーバーへ語学留学後、日本に帰国したが、楽しかった生活が忘れられず、ワーキングホリデービザを取得してバンクーバーに再度住むことに。シノにとって、Qやデイビッドは心強い英語の先生！

David

生まれも育ちもカナダの生粋のカナダ人、28歳。
Qの親友で、シノのボーイフレンド。
念願の初日本旅行が実現し、東京の名所、京都の神社仏閣を回りたおす姿は漫画でのお楽しみ！

CONTENTS

本書の使い方　音源について　2
登場人物について　4

4　APRIL
カナダライフ

Episode01　久々に会う時の一言！　14
Episode02　tell me は「伝えて」じゃない!?　16
Episode03　いつでもどこでも雑談に♪　18
Episode04　何事も計画が大切！　20
Episode05　汚い言葉だけど超定番！　22
Episode06　パーティではグラスを鳴らす？　24
Episode07　人差し指と中指をクロスさせる意味とは？　26
4月のおさらい＆もっと知りたい！ネイティブフレーズ　28

5　MAY
海外でお仕事デビュー！

Episode01　フォーマルな表現もマスター　34
Episode02　コーヒー好きは毎日使える♪　36
Episode03　work は「働く」じゃない!?　38
Episode04　丁寧にお願いしたい時はこれ！　40
Episode05　強調の crazy !　42
Episode06　「明日は休み〜」はたった3語！　44
Episode07　way の使い方に注目！　46
5月のおさらい＆もっと知りたい！ネイティブフレーズ　48

6 JUNE
Let's eat!

Episode01	stretch といっても 体操には無関係！	54
Episode02	予約の時には under を使って！	56
Episode03	残業＆激務の時にピッタリ！	58
Episode04	スモールトークで大活躍♪	60
Episode05	No, thank you. は冷たい印象!?	62
Episode06	気前よくおごりたい時に	64

6月のおさらい＆もっと知りたい！ネイティブフレーズ　66

7 JULY
恋愛に喧嘩はつきもの…

Episode01	お誘いをスマートに断る時に	70
Episode02	喧嘩はこれで乗り切る？	72
Episode03	fuck は正しく使いましょう	74
Episode04	go too far って何て意味？	76
Episode05	ガチな時にこの一言できめる！	78
Episode06	意外に使える優秀ワード	80

7月のおさらい＆もっと知りたい！ネイティブフレーズ　82

8 AUGUST
Qのカナダ＆N.Y.１人旅！

Episode01	旅行時に大活躍!!	86
Episode02	感動はたったの３語で！	88
Episode03	道に迷った時のヘルプ！	90
Episode04	「朝イチ」は英語で何と言う？	92
Episode05	外国行ったら連発しちゃう!?	94
Episode06	cool と OK は同じ意味!?	96

Episode07　ワクワクした気持ちを表現！　98
8月のおさらい＆もっと知りたい！ネイティブフレーズ　100

9 SEPTEMBER
Welcome to Japan！

Episode01　「晴天の霹靂」を英語で言うと？　106
Episode02　ちょっと下品だけど頻出ワード！　108
Episode03　テンション高すぎな友達に…　110
Episode04　「満員電車」の説明はこれで完ぺき！　112
Episode05　喝を入れる時に!!　114
Episode06　「よろしくお願いします」は英語で何て言う？　116
Episode07　I like ～以外で好きなものを表現してみよう　118
9月のおさらい＆もっと知りたい！ネイティブフレーズ　120

10 OCTOBER
東京＆京都珍道中！

Episode01　日常会話で超頻出！　124
Episode02　「聞いたことある」を英語で言うと？　126
Episode03　英語らしい感情豊かな表現！　128
Episode04　これで会話がどんどん続く！　130
Episode05　清水寺を案内しよう　132
Episode06　外国人に大人気の金閣寺を英語で説明！　134
Episode07　hell が入っても褒め言葉⁉　136
10月のおさらい＆もっと知りたい！ネイティブフレーズ　138

11 NOVEMBER
著者直伝！英語習得5つのルール

Rule1 自分も周りもジャッジしない　142
Rule2「大人らしく」ではなく「子どもらしく」　143
Rule3 ノートを取るヒマがあれば話す　144
Rule4 1週間で話せるわけがないので焦らない　146
Rule5 ストレスにならない工夫を　147

12 DECEMBER
Happy Holidays!

Episode01 たったの2語でネイティブ級！　152
Episode02 色んな単語につける -ish とは？　154
Episode03 パーティ中にテンションアップ！　156
Episode04 語気が強めの定番ワード　158
Episode05「徹夜」は1語で言えちゃう！　160
Episode06 驚きと感動をこのフレーズで！　162
12月のおさらい＆もっと知りたい！ネイティブフレーズ　164

1 JANUARY
日本と北米のお正月

Episode01「ちんたらしないで」を英語で！　168
Episode02 海外ドラマでよく耳にする！　170
Episode03「スティックのり」で覚えよう　172
Episode04 言葉に詰まった時の救世主⁉　174
Episode05 お年玉は何て説明する？　176
Episode06 喧嘩や冗談を言い合う時に！　178
1月のおさらい＆もっと知りたい！ネイティブフレーズ　180

2 FEBRUARY
予想外のバレンタイン!?

Episode01　big time って一体何だ？　186
Episode02　「銃で撃つ」ではありません！　188
Episode03　信じられない状況で…　190
Episode04　応用できる超便利フレーズ　192
Episode05　言葉の由来は映画から♪　194
Episode06　「面食い」は英語で何て言う？　196
2月のおさらい＆もっと知りたい！ネイティブフレーズ　198

3 MARCH
終わりよければすべてよし！

Episode01　「善は急げ！」を英語で言おう！　202
Episode02　「おめでとう」の気持ちを込めて　204
Episode03　欧米の結婚式をのぞいてみよう　206
Episode04　バーやパーティでお誘いする時に　208
Episode05　フィナーレ！　210
3月のおさらい＆もっと知りたい！ネイティブフレーズ　212

コラム　〜Aのつぶやき Coffee Break〜

① 4技能の捉え方に違和感！！　30
② 前置詞の意味を絵で捉えよう！　50
③ 謝りすぎてない？　102
④ 習うより慣れろ!?　時間の言い回し　148
⑤ 「間違いアレルギー」に注意！　182
⑥ メッセージやチャットでよく使う略語　214
⑦ 日本と違う向きの絵文字！　215
⑧ 一目でわかる　暑い＆寒いの度合い　216

CREDITS

カバーデザイン	小口 翔平（tobufune）
イラスト	Q.
英文校閲協力	Chuck Wan / Jason Felipe

▼4月で学べること
- 久々に友達に会った時のフレーズ
- イースターの文化
- 欧米流のパーティ

4 APRIL カナダライフ

Episode

01 久々に会う時の一言！

It's been forever!

カジュアル　フォーマル

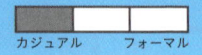

空港にシノを迎えに来たデイビッドとQ。前回の別れから約1年後…シノがバンクーバーに戻って来た！

①
Guess who!?

②
Ahh...Shino! Welcome back!
Ta dah~!

③
★ It's been forever! How have you been!?
I'm here, too...

④
★ OMG Yes! I've been dreaming of this day!
I'm back, Vancouver!

⭐ It's been forever!

久しぶりに会った友達や家族などに言う定型文で、It's been a while. よりも「もっと久しぶり」なことを強調している。他によく聞くのは I can't believe it's been that long.「もうそんなに経つんだ」、Time flies!「時間が経つのは早いね！」など。

⭐ I've been dreaming of this day!

日本語でいえば「この日を夢にまで見た」。
「楽しみにしてた」気持ちを少し大げさに言った形だ。
this day を this moment に代えると、「この瞬間を夢見てた」と言い換えられるのでこちらも使ってみよう！

上の2つのフレーズ、大げさに聞こえるかもしれないけど、日常的に使うので英語モードに切り替えて感情を込めて練習しよう！

◎漫画を日本語で言ってみると…

S: だーれだ!?
Q&D: あっ…シノ! お帰り!
★D: ひっさしぶりだね! 元気にしてた!?
★S: あぁもうほんとに! この日をずっと楽しみにしてたんだから!

Episode

02 tell me は「伝えて」じゃない!?
Tell me about it.

カジュアル／フォーマル

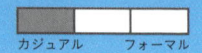

つもる話は後まわし。長時間のフライトで、シノはお疲れのようです。4コマ目のシノのセリフ、どういう意味だろう!?

① ★ We have a lot of catch-up to do, Shino.

② Absolutely! But first, I need a nap.

③ Must've been a long flight, huh? 9〜10 hours!

④ ★ Oh, tell me about it.

4 APRIL　カナダライフ

⭐ **We have a lot of catch-up to do.**

久しぶりに人と会った際によく聞くフレーズ。catch up と動詞で使えば「〜に追いつく」という有名なイディオムだが、ここでは catch-up と名詞で使われている。訳すと「巻き返し、追い上げ」といった意味になるが、日常的にカジュアルなシーンでよく使われる。

⭐ **Tell me about it.**

「もうわかっていることをあえて教えてくれ」という皮肉を込めて反語的に使っているので誤解しないように!!
「少しうんざり、飽々だ」というニュアンスを含むのでこのフレーズを使う時はシノみたいに感情を込めよう。
漫画上では、「それについて教えてほしい」という意味はないが、文字通りの意味で使う場合もある。

時差ボケは英語で jet lag と言うよ。ちなみに日本からハワイや北米大陸西海岸へのフライトは時差が重く出る傾向があるみたい。

◎漫画を日本語で言ってみると…

★D: 最近どうしてたかとか色々話さないとね、シノ。
S: もちろん! でも、まずちょっとお昼寝してからね。
Q: フライトお疲れやなぁ…
★S: や、ホント、まったくよ。

Episode

03 いつでもどこでも雑談に♪

It's this time of the year!

カジュアル　　　フォーマル

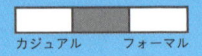

北米では、4月といえばイースター。日本ではまだなじみが薄いですが、キリスト教のお祭りです。

① Right! It's Easter now! I totally forgot about it.

② ★ Yup. It's this time of the year!
Ahh!

③ ★ Was Easter supposed to be one of the official holidays in Vancouver?
Hmm I wonder...

④ I believe so... if not, my boss will be mad...

⭐ It's this time of the year!

「今年も〜の季節がやってまいりました」と言う時の言い回し。ハロウィンやクリスマス、時にはお店のセールなど恒例の年間イベントがある時によく聞く。

⭐ Was Easter supposed to be one of the official holidays in Vancouver?

学校ではあまり習わないが、the official holidays や statutory (stat) holidays と言うと、「（国や州に定められた）公式の祝日」という意味になる。
文法的には、be supposed to 〜「〜することとなっている」を日常会話でしょっちゅう使うので必ずおさえておいて！

イースターはキリストの復活を祝うお祭り。色とりどりの「イースターエッグ」はウサギが運んで来たとされるんだ。休日かどうかは州や会社によって異なるよ。

◎漫画を日本語で言ってみると…

S: あ! 今イースターの時期だ! すっかり忘れてた。
★D: そ、丁度そんな季節だよね。
★Q: イースターって、バンクーバーの祝日やったっけ?
D: そうだと思うけど…違ったら上司に怒られるだろうなぁ…

Episode
04 何事も計画が大切！

What's your plan from here on?

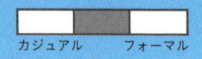

カジュアル　フォーマル

新生活でのプランを話すシノ。その日の予定から週末の予定、夏の予定など…雑談でプランはよく聞かれるのでシノみたいに話せるように！

🎧 4

① ★ So what's your plan from here on, Shino?

② Well, first I have to get a job, right?

③ ★ What kind of job are you going to look for?

④ ★ I'd like to try a cafe...I bet I'd be a cute barista!

⭐ So what's your plan from here on?

from here on は「ここから」という言い方 (from now on は「今から」)。
What's your plan? という聞き方は、具体的な予定を聞く場合もあるが、「どういうふうに考えているの？」とざっくりしたニュアンスを含む場合が多い。

⭐ What kind of job are you going to look for?

就活生や帰国前の留学生、求職中の人によく聞くフレーズ。What kind of 〜は、「どんな種類の〜」、look for 〜は「〜を探す」。こういう場合 find や search とはあまり言わないので注意！ find は見つけることが前提で、search は閲覧や検索という意味合いが強い。

⭐ I bet I'd be a cute barista!

カジノを思い浮かべて。bet は「賭ける」という意味なので、「(bet 以下の物事にチップを) 賭けてもいいほど自信がある、確信している」という意味に。間違いやすい言い方に You bet! があるが、これは「相手が賭けても損しない」から「その通り！」という意味。
(例：A: Did you already finish your homework? B: You bet!)

◎漫画を日本語で言ってみると…

★D: で、こっからどうするの、シノ？
　S: えっと、まずは、就職活動しなきゃね。
★Q: どんな仕事を探すつもりなん？
★S: カフェに挑戦してみようかな…かわいいバリスタになっちゃうよ!!

Episode
05 汚い言葉だけど超定番！
That's a kick-ass idea.

カジュアル　フォーマル

シノの"お帰りパーティ"を思いついたQ。
デイビッドにも相談します。
日本ではお花見にお酒はマストだけど、
バンクーバーだと事情が違うみたい！ 5

1. ★ Hey David, we need to throw her a "welcome-back party".

2. ★ Dude, that's a kick-ass idea. Let's do that.

3. Luckily cherry blossoms are in full-bloom. Let's do "Ohanami"!

4. ... wait, but we can't drink outside...

⭐ We need to throw her a "welcome-back party".

throw 〜 a party で、「〜に対してのパーティを催す」という意味。ご存じの通り北米人はパーティ好き。
birthday（誕生会）、potluck（食事持ち寄りのパーティ）、farewell（お別れパーティ）、slumber（お泊まり会）、bachelor（独身最後のパーティ、主に男）、baby shower（出産前プレゼント会）など盛りだくさん！

⭐ That's a kick-ass idea.

ass は元々「ケツ、尻」という汚い言葉だが、kick-ass と言うと口語で「やばい、カッコイイ」という意味に。「イケてるヤツのケツも蹴り上げられるくらい、やばくてカッコイイ」ので、kick-ass ということ。
I'm gonna kick your ass.「とっちめるぞ、ぶっ飛ばすぞ」と言うと、違う意味になるので気をつけて！

4コマ目のデイビッドが「外で飲めない」と嘆いているけど、これは法律で決まっているからなんだ。お花見やBBQも「禁酒」なんて厳しい〜！

◎漫画を日本語で言ってみると…

★Q: なぁデイビッド、シノの"お帰りパーティ"しなあかんな!
★D: あ、ヤバイね、それ! やろうやろう。
　Q: 丁度桜も満開やしな、お花見しよか!
　D: あ、でも…外で飲めないね…

Episode

06 パーティではグラスを鳴らす？
A toast from Shino!

カジュアル／フォーマル

結局デイビッドの家で"お帰りパーティ"をすることにした3人。それぞれの友達も呼んで盛り上がっています。ん、シノがスピーチしなきゃいけない雰囲気に？

1.
★ OK everyone! Let's toast! A toast from Shino!

CLING CLING

2.
★ What!? Hey Q! Quit it already!

CALM DOWN

3.
★ Hey, let's hear it! C'mon, Shino!

4.
Haha, it looks like everyone of us was waiting for you to be back, Shino!

⭐ A toast from Shino!

toast はパンの「トースト」と同じ綴りだが、ここでは「音頭、乾杯の挨拶」といった意味になる。
一言挨拶を述べた後に Cheers!「乾杯！」や To our special day!「特別な日に！」などと言って乾杯する。普通は漫画のようにグラスなどを軽く叩いて音を出し、みんなの注意を引いてから始める。

⭐ Quit it already!

quit は「やめる」という意味だが、漫画のように言うと、「今やっていることを、もうやめて」という意味。
要は Stop it! と同じ意味で、少し語気は強い。
Quit it! とも言えるが、already を付け加えることで「もうとっくにやめてるべき」というニュアンスが追加される。

⭐ Let's hear it!

Let's hear it. =「聞いてみよう」ということで、何か言うべきことがある人に対して少し煽る言い方。
Let's hear it if you have something in your mind. =「何か思うところがあるなら、言ってみなよ」というように、催促するように言うこともある。

◎漫画を日本語で言ってみると…

★Q:（グラスを鳴らしながら）みんな! 乾杯しよう! シノから一言!
★S: 何それ! Q! もう、やめてよ!
★A: えーなんか話してよ! シノ、ほら!
　D: はは、どうやらここにいるみんなが、シノが帰って来るのを楽しみにしてたみたいだね!

Episode 07 人差し指と中指をクロスさせる意味とは？

Cross your fingers for me now!

カジュアル｜フォーマル

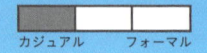

仕事に応募するため、レジュメ（履歴書）作りをしているシノ。デイビッドに助けを求めます。
cross your fingers~ のセリフに注目！

🎧 7

① ★ Heeelp... I'm having a hard time finishing up my resume.

② ★ Sure thing, let's see what you've got here...

③ ...OK, fix these, add those and you will be all set!

④ ★ Thanks so much! Cross your fingers for me now!

⭐ I'm having a hard time finishing up my resume.

having a hard time は「困っている、難航している」という意味で、time の後は ing が続く。
I'm having a tough time. でも同じような気持ちを表現できる。課題や仕事、人間関係など、難航している事態を打ち明けたい時に使うとナチュラルに聞こえる!

⭐ Let's see what you've got here...

Let's see で「どれどれ」というニュアンスだが、加えて what you've got here と言うと、「どれどれ、どんな具合かな、どこまで何がどうなっているかな」という意味を加えられる。相手の力量をうかがって Let's see what you got!「お前の力を見てみるよ!」といった言い回しもある。

⭐ Cross your fingers for me now!

指をクロスすると十字架のように見えることから「幸運」を表す。実際に人差し指と中指をクロスさせて言う人も多い。Wish me luck! と同じ意味。大舞台や大事な仕事を控えていたり、難局に立ち向かう時に友達にこう言って応援してもらおう!

◎漫画を日本語で言ってみると…

★S: ちょっと助けて〜。レジュメの仕上げで困ってて。
★D: いいよ〜どれどれ、今はどんな感じかな…
　D: OK! ここを直して、これをつけ加えたら、バッチリだよ!
★S: ありがとう! うまくいくように祈ってて!

4月のおさらい＆もっと知りたい！ネイティブフレーズ

Catch up with this month!

☐ It's been forever!　久しぶりだね！
　（It's been a while. よりも「もっと久しぶり」なことを強調している）

☐ I can't believe it's been that long.　もうそんなに経つんだ。

☐ Time flies!　時間が経つのは早いね！

☐ I've been dreaming of this day!
　この日をずっと楽しみにしてたんだから！

☐ We have a lot of catch-up to do.
　最近どうしてたかとか色々話さないとね。

☐ Tell me about it.　ホント、まったくよ。

☐ It's this time of the year!　丁度そんな季節だよね。

☐ What's your plan from here on?　これからどうするの？

☐ Well, first I have to get a job, right?
　えっと、まずは、就職活動しなきゃね。

☐ What kind of job are you going to look for?
　どんな仕事を探すつもり？

☐ I'd like to try a cafe...I bet I'd be a cute barista!
　カフェに挑戦してみようかな…かわいいバリスタになっちゃうよ!!

□ We need to throw her a "welcome-back party".
シノの"お帰りパーティ"しないとね！

□ That's a kick-ass idea.　ヤバイね、それ！

□ A toast from Shino!　シノから一言！

□ Quit it already!　もう、やめてよ！

□ Hey, let's hear it!　えーなんか話してよ！

□ I'm having a hard time finishing up my resume.
レジュメの仕上げで困ってて。

□ Sure thing.　もちろん。

□ Let's see what you've got here...
どれどれ、今はどんな感じかな…

□ Cross your fingers for me now! = Wish me luck!
うまくいくように祈ってて！

● 4月のフォーカス　～ジェスチャーについて～

　Cross your fingers for me now! は、面接や試験などを控えている人が、相手に対して言う言葉。I'll keep my fingers crossed. だと、何か控えている人に対して発する言葉に。人差し指と中指を実際にクロスして言うとネイティブらしい！

Q のつぶやき Coffee Break ①

4 技能の捉え方に違和感！！

　英語で 4 技能と言えば、「Listening」「Reading」「Writing」「Speaking」ですよね。こうやって英語という言語を 4 分割にして、それぞれの能力を高めていくのが一般的な学習法になっていると思います。

　でも、実のところ、日本人の学習者や生徒さんが、「俺はリスニングはできるけど、リーディングがなぁ〜」とか「やっぱり私はスピーキングが苦手、ライティングはまあまあかなぁ」と話しているのを聞くと、私はかなりの違和感を覚えます…。

　もちろん、TOEFL や IELTS でも、こういったわけ方によって英語力が測定されているので、これ自体が間違いだ！ と主張するつもりは毛頭ありません。

　が！ **RPG キャラの攻撃力や防御力のように、4 つの技能がバラバラに伸びていくという認識には、正直、「はぁ？」と感じてしまう**わけです。

　イラストを見てみてください。私の中の英語の上達イメージはこのゆっくり進む船のイメージ。

一般的な4技能の考え方

Writing / Reading / Listening / Speaking

個々の能力をバラバラに捉えがち…

Q的な4技能の考え方

Listening / Writing / Speaking / Reading

成長の方向

自分の得意な分野の理解が深まるにつれて苦手なところも引っぱられて少しずつ伸びていく.

　このようなイメージで、4つの技能は作用しあって総合的な英語力を形成しています。例えばリスニングが苦手だから、ひったすら四六時中聞き流したって効率が悪いだけです。これは、バランスの問題で、スピーキングをしながら相手の音を聞き取る訓練を積んだり、発音を学んで英語の音を理論で理解するうちにリスニングの力もだんだんとついてくるはずです。**船が進むイメージで、総合的な英語力を上げていきましょう。**

▼5月で学べること

- 英語にも敬語はある？ 少しフォーマルな言い方や丁寧な表現
- カフェやレストランでの会話
- 丁寧にお願いしたり、断ったりする時の表現

5 MAY 海外でお仕事デビュー！

Episode

01 フォーマルな表現もマスター

I am interested in working in the field of...

カジュアル　フォーマル

仕事の面接に来たシノ。緊張の中、カフェのオーナーと話しています。ビジネスシーンで握手は忘れずに！

🎧 8

①
★ ...therefore, I am interested in working in the field of customer service.

②
★ I see. Are you available to have a few night-shifts?

Hmm...

③
★ Yes, my schedule can be pretty flexible if need be.

Not a problem!

④
Great! Alright then, when can you start?

Shake Shake

5 MAY 海外でお仕事デビュー！

⭐ I am interested in working in the field of customer service.

customer service は「接客業」、in the field of 〜で「〜の分野で」という意味になる。
仕事を決める時や、学校のコース選びをする時に使える言い回しだ。例えば、I'm very interested in the field of biology.「生物学に大変興味があります」。

⭐ Are you available to have a few night-shifts?

available は「予定が空いている」という意味で、仕事でもプライベートでも広く使うので必ず使い回せるように！
日本でよく言う「9時5時」は nine to five、「深夜勤務」は graveyard shift、「朝番、午前のシフト」は morning shift、「昼間のシフト」なら daytime shift と呼んでいる！

⭐ My schedule can be pretty flexible if need be.

ここの flexible は「融通がきく」というニュアンスになる。
if need be は聞き慣れないかもしれないが、ここでは「必要とあらば(必要性がそこにあるならば)」という意味で使われている。スケジュールを聞かれ、ある程度自分の融通がきく時の返し方のひとつ。

◎漫画を日本語で言ってみると…

★S: …というわけで、接客業で働いてみたいと思っています。
★A: なるほど。少し夜のシフトが入っても大丈夫?
★S: はい、必要であれば、スケジュールは柔軟に対応できます。
  A: すばらしい! それじゃあ、いつから始められるかな?

Episode

02 コーヒー好きは毎日使える♪

A great cup of coffee will get me going for sure!

カジュアル　フォーマル

面接を無事クリアし、はれてダイニングカフェで働き出したシノ。デイビッドとQが冷やかしに行きます。3コマ目のQのセリフを自然に言えたらネイティブっぽい！

🎧 9

①
Hey, Shino! Two breakfast meals please!

②
Hey, you two. Thanks for coming! How're you doing this morning?

Hey guys!

③
★ OK I guess... a great cup of coffee will get me going for sure!

④
★ A great cup of coffee, coming right up!

Please and thank you

⭐ A great cup of coffee will get me going for sure!

~ get(s) me going には「~は自分を前に進ませる」という意味がある。You know how to get me going!「僕を乗せるのがウマイね!」というようにバリエーションは色々あるので自分のシチュエーションに落とし込んでフレーズを考えてみよう。

⭐ Coming right up!

「ご注文されたものがすぐに(目の前に)到着します!」という意味。日本語でいう「ただいま、すぐに! 少々お待ちください!」と同じような響き。
Coming up! のみでももちろん通じるが、right をつけることで「すぐに」と強調の意味が加えられていることにも注目したい。

欧米はチップ文化。カフェでもレジの横にチップを入れる箱が置いてあることが多いよ。ちなみにカナダではランチで10%、ディナーで15〜20%くらいが目安。

◎漫画を日本語で言ってみると…

D&Q: ようシノ! 朝食セット2つお願い!
S: あ、2人とも。来てくれてありがとう! 今朝は調子はどう?
★Q: まぁまぁかな。おいしいコーヒーを飲んだら気分も上がるやろけどね!
★S: おいしいコーヒーね、すぐにお持ちします!

Episode

03 work は「働く」じゃない⁉

Are you still working on that?

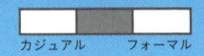

カジュアル　フォーマル

シノが働くダイニングで朝ご飯を食べるデイビッドとQ。シノの働きっぷりをうかがいます。3コマ目、4コマ目のやり取りは絶対マスターしよう！

🎧 10

①
So... it's quite tough to memorize all of the menu.

②
★ Nahh, you'll get used to it soon!

③
★ Hope so. By the way, Q, are you still working on that?

④
I'm done. It was good, thanks!

5　MAY　海外でお仕事デビュー！

⭐ You'll get used to it soon!

get used to ～で、「～に慣れる」という意味。
I'm used to it now.「とっくに慣れたよ」、Get used to it already.「いい加減慣れろよ」などの言い回しもよく聞くので覚えておきたい。

⭐ Are you still working on that?

ご飯時にこう言えば「まだ食べていますか？」という質問になりレストランでサーバーがお客に必ずといっていいほど言うフレーズ。転じて、課題などに勤しんでいる人に言うと「まだそれ片付いてないの？」といったニュアンスになる。この work は「働く」ではなく「手をつける、何とかする」という意味ということだ。

3コマ目と4コマ目のやり取りは、海外旅行先でレストランに入ったら即使えちゃう。サーバーさんとフレンドリーに話して英語をどんどん習得しよう！

◎漫画を日本語で言ってみると…

S: でね、メニューを全部覚えるのが結構難しいの。
★Q: やぁー、そんなのすぐ慣れるよ!
★S: そうだといいけどね。ところでQ、まだ食べてる?
Q: もう大丈夫。おいしかった、ごちそうさん!

Episode 04 丁寧にお願いしたい時はこれ！

Can you do me a favour?

カジュアル　フォーマル

急用が入った友達にシフトを替わってほしいと頼まれたシノ。
人に何かをお願いする時の丁寧な言い方をおさえておこう。

🎧 11

① ★ Shino, can you do me a favour and switch a shift on Saturday?

② ★ Umm... sorry, I'm afraid I already have plans. What's up?

③ ★ Oh, some private matter came up...

④ Ahhh! What do I do!? I'm going to get fired!!

⭐ Can you do me a favour and switch a shift on Saturday?

ここでの switch は「交代する」。
人に何かお願いする時は Can you do me a favour? と聞こう。
favour にはそもそも「親切な行為」といった意味がある。

⭐ I'm afraid I already have plans.

I'm afraid ～は「申し訳ないけれど…」と人に少し言いにくいことを告げる際に言う決まり文句。学校で習う I'm afraid of ～「～が怖い」とは、見た目は似ているけど意味は違うので注意。Can you do it? と聞かれて、I'm sorry I can't. と言うよりも、I'm afraid not, sorry... と言う方が丁寧に聞こえる。

⭐ Some private matter came up...

private matter は「個人的な事情、私情」、come up は「浮き彫りになる、発生する」という意味。
遅刻の言い訳をする時など、こう言って細かい内容を伏せて伝えることも多い。

◎漫画を日本語で言ってみると…

★A: シノ、お願いがあって、土曜日のシフトって替わってもらえないかな?
★S: あーごめん。もう予定があるの…どうしたの?
★A: ちょっとプライベートで用事ができちゃって…
 A: あーどうしよう、首になっちゃうよー!!

Episode
05 強調の crazy！
It was crazy busy today...

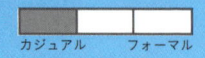

カジュアル　フォーマル

仕事が忙しく、残業をしていたシノ。マネージャーに見つかり…
残業ひとつとってもお国が違うとここまで違うんです！

🎧 12

① Hey Shino, why are you still here?

② ★ Oh! Um... it was crazy busy today so I still have some more stuff to do...

③ ★ I see but you shouldn't work overtime, OK?

Hmm... m...

④ I understand. I'm sorry...

Sorry... Got it?

5 MAY 海外でお仕事デビュー！

⭐ It was crazy busy today...

busy を強調して crazy busy としたこの表現はかなり口語的。言葉通り、息もつけないめまぐるしいクレイジーな状態が想像できる。他にも crazy move「（ブレイクダンスなどの）すごい動き」、crazy fun「すっごく楽しい」など、crazy をくっつけて強調を表すことは多い。

⭐ You shouldn't work overtime.

work overtime で「残業する」。
北米では残業はどちらかというと好まれないことなので、時間を守って仕事を切り上げないとこう言われることもある。日本人は時間通りに来るが、時間通りに帰らないと言われることも。

めまぐるしく働く様子は、work around the clock でも言い表せる。時計の針が一周するくらい長い時間ってことだね。

◎漫画を日本語で言ってみると…

A: シノ、なんでまだ残ってるの？
★S: あ! あの…今日はとっても忙しくて、まだやることが残ってるんです…
★A: なるほど。でも残業はしちゃいけないな。わかった？
S: わかりました、ごめんなさい…

Episode
06 「明日は休み〜」はたった3語！
I'm off tomorrow.

今日はシノのはじめての給料日！
カナダではお給料は小切手で支給されるってほんと!?

🎧 13

① OMG! This is my first pay cheque in Canada! I'm so excited!

② ★ Plus, I got more than I expected because of tips.

③ ★ I'm off tomorrow so I might as well go shopping...

④ ★ Don't spend it all at once! Hehe...

5 MAY 海外でお仕事デビュー！

⭐ I got more than I expected because of tips.

more than I expected で「自分の予想（期待）より上」という意味。
反対の「自分の予想（期待）より下」は less than I expected だ。
北米では、接客業（特に飲食）では、賃金の他にチップがもらえるので思わぬ収入になることもしばしば。

⭐ I'm off tomorrow so I might as well go shopping...

この場合の off は「休日」という意味で、I have a day-off tomorrow. と言うことも。
自分の電源をオフにするから休日と覚えよう。
might as well は「ショッピングに行ってもいいかなぁ」という可能性を示している。

⭐ Don't spend it all at once!

spend には元々「費やす」という意味があり、「給与を（ともすれば無駄なものに）費やすな」という意味で Don't spend it all. と言っている。it は初給料、all は全給与を指している。at once は「すぐに」と習ったかもしれないが「一挙に」という意味があることから、「一度に、一瞬で」というニュアンス。

◎漫画を日本語で言ってみると…

S: あああ! これがカナダでの初の給料だ! テンション上がるなぁ!
★S: しかも、チップのおかげで思ってたより多かったし。
★S: 明日は休みだから、ショッピングにでも行っちゃうか…
★A: 一度に無駄遣いするんじゃないぞ! はは。

Episode

07 way の使い方に注目！

It's way beyond my budget...

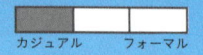

カジュアル　フォーマル

やっぱり友達とちょっとだけショッピングに来てしまったシノ。2 コマ目の beyond my budget は色々な場面で使えそう★

🎧 14

① Awwww... check it out. This necklace is so pretty.

② ★ !?!? What kind of joke is that? It's way beyond my budget...

③ ★ Sadly, This necklace is worth more than my monthly food budget.

I feel dizzy...

④ ★ Well, I guess you are living on your own after all.

It sucks...

5 MAY 海外でお仕事デビュー！

⭐ It's way beyond my budget...

この way は、「better= よりよい → way better =（それよりさらに）ずっとよい」のように、強調の way として使われている。beyond には、元々「向こう側」という意味があると知っておけば、「〜以上、〜を超えた」という意味で使うと理解しやすい。ここでは予算オーバーを強調した言い方になっている。

⭐ This necklace is worth more than my monthly food budget.

A is worth B で「A は B にふさわしい価値がある、見合っている」という意味がある。
この worth は物理的なものだけでなく、人や時間に対しても言えるのでどんどん自分で文を作ってみよう。This is not worth my time.「これは私の時間に見合わない」など。

⭐ You are living on your own after all.

live on one's own で「1人暮らしをする」。after all は「結局のところ、つまるところ」。
on your own には Now, you are on your own.「さて、後は君1人だ」といったフレーズでも使える。

◎漫画を日本語で言ってみると…

A: うわぁぁ、見て見て。このネックレス超かわいいよ!
★S: 何の冗談なの…? 完全に予算オーバーじゃん…
★S: 悲しいかな、このネックレスさ、私の食費1ヶ月分よりするよ。
★A: だって1人暮らししてるんだもんねぇ…

5月のおさらい&もっと知りたい！ネイティブフレーズ

Catch up with this month!

- [ ] I am interested in working in the field of customer service.
  接客業で働いてみたいと思っています。
- [ ] Are you available to have a few night-shifts?
  少し夜のシフトが入っても大丈夫？
- [ ] My schedule can be pretty flexible if need be.
  必要であれば、スケジュールは柔軟に対応できます。
- [ ] nine to five　9時5時
- [ ] graveyard shift　深夜勤務
- [ ] Two breakfast meals please!　朝食セット2つお願い！
- [ ] A great cup of coffee will get me going for sure!
  おいしいコーヒーを飲んだら気分も上がるだろうね！
- [ ] Coming right up!　ただいま（お持ちします）！
- [ ] You know how to get me going!
  僕を乗せるのがウマイね！
- [ ] It's quite tough to memorize all of the menu.
  メニューを全部覚えるのが結構難しいんだ。
- [ ] You'll get used to it soon!　すぐ慣れるよ！
- [ ] I'm used to it now.　とっくに慣れたよ。

- [ ] Get used to it already.　いい加減慣れろよ。
- [ ] Are you still working on that?　まだ食べていますか？
- [ ] I'm done. It was good, thanks!
  もう大丈夫。おいしかった、ごちそうさま！
- [ ] It was crazy busy today...　今日はとっても忙しくて…
- [ ] You shouldn't work overtime.　残業はしちゃいけないな。
- [ ] OMG! This is my first pay cheque in Canada!
  あああ！ これがカナダでの初の給料だ！
- [ ] I got more than I expected because of tips.
  チップのおかげで思ってたより多かったし。
- [ ] I'm off tomorrow.　明日はお休み。
- [ ] Don't spend it all at once!
  一度に無駄遣いするんじゃないぞ！

● **5月のフォーカス　～レストランでの会話～**

カフェスタッフデビューを果たしたシノが食べに来てくれたQに聞いていたAre you still working on that?、レストランでは必ずと言っていいほど聞かれます。

Q のつぶやき Coffee Break ②

前置詞の意味を絵で捉えよう！

in front (of)
前に

behind
後ろに

under/below
下に

into
中に

in
中

out (of)
外に

on
上の（触れている）

between
間に

near
近くに

up
のぼって、上がって

over/above
上に、上を

down
おりて、下がって

to/toward
〜に向かって

through
突き抜けて

off/away
離れて

across
横切って

by/beside
側に

around
まわりに

to
〜に、〜へ

from
〜から

▼6月で学べること

- 友達を遊びに誘う、日時を決める時の言い回し
- レストランでのオーダーや店員さんとの会話の楽しみ方
- 北米流のお会計方法
- スモールトーク

Let's eat!

6 JUNE

Episode 01

stretch といっても体操には無関係！

It might stretch a little to 5:30pm depending on customers.

カジュアル　フォーマル

明日の仕事終わり、デイビッドがシノをディナーに誘います。ここのフレーズをマスターすればデートのお誘いも楽々!?

🎧 15

① ★ Hey Shino, what time are you getting off work tomorrow?

② ★ At 5pm. It might stretch a little to 5:30pm depending on customers.

③ ★ Alright, do you want to grab dinner after? Let's meet at 6 in front of Waterfront station.

④ Sounds lovely. Can't wait!

⭐ What time are you getting off work tomorrow?

特にプライベートで予定調整などをする時によく聞くワンフレーズ。get off work で、「仕事が終わる、仕事を切り上げる」という意味だ。ほぼ確実に起こることが予測できるので、未来のことを現在進行形で言う形になっているところにも注目！

⭐ It might stretch a little to 5:30pm depending on customers.

might は「可能性が五分五分くらい」を表す。
stretch は「伸びる」という意味だが、こういうふうに使う時もあるのでおさえておこう。
他にも stretch では try to stretch the meaning「拡大解釈を試みる」などと使うことも！

⭐ Do you want to grab dinner after?

これも予定を入れる際、誰かを誘う時の決まり文句だ。
grab を使うことで「ちょっと夕食を食べに行く」といった軽めのニュアンスをプラスできる。dinner の他に、grab の後は coffee、drink、food なども OK。

◎漫画を日本語で言ってみると…

★D: やぁシノ、明日っていつ仕事が終わるの?
★S: 5時だよ。でも、お客さんによっては5時半くらいまで延びるかも。
★D: じゃ、その後ご飯でもどう? ウォーターフロント駅前に6時に会おうよ。
　S: いいね。楽しみにしてるね!

Episode
02 予約の時には under を使って！
under my name, David

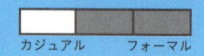

カジュアル　フォーマル

約束通り、ディナーに来た２人。レストランに入ります。３コマ目はちょっとかしこまったフレーズでよくネイティブが使います。

🎧 16

① ★ Hey, sorry for making you wait.

② ★ No big deal. I just got here, too.

③ ★ I have a reservation for two for 6:30pm under my name, David.

④ Certainly. Please follow me, I'll show you where your seats are.

6 JUNE Let's eat!

⭐ Sorry for making you wait.

「待たせて悪かった」と言いたい時の決まり文句なのでそのまま覚えよう。待ち合わせの他、保留の電話に出る時、レストランが満席でサーバーがたくさんお客を待たせてしまった時などにもよく言う一言。Sorry for making you hold my bag.「私の鞄を持たせてごめんね」などと応用もきく。ちなみに make は「使役」の make。

⭐ No big deal.

No problem. と同様に「大丈夫、平気だよ」の定番表現。単に It's OK. と言うよりも、「そんなのたいしたことないから、心配するな」という余裕のあるニュアンスが加わる。とっさの時にパッと言えると、よりネイティブっぽい印象になるので試してみて！

⭐ I have a reservation for two for 6:30pm under my name, David.

I have a reservation で「予約してます」、under my name は「この名前で（予約を）取ってあります」という意味。レストランやホテルの受付で言えると差がつく。
ちなみに予約を取る時は、I'd like to have a reservation for two at 6:30pm under my name, David. と言えば OK。

◎漫画を日本語で言ってみると…

★S: ごめん、待たせちゃったね。
★D: まったく問題ないよ、俺も今来たから。
★D: 6時半から2名で私の名前で予約しています、デイビッドです。
　A: かしこまりました。ついて来てください、お席までお連れします。

Episode

03 残業＆激務の時にピッタリ！

You seem swamped lately.

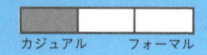

2人の時間を過ごしながら、デイビッドの近況も聞きます。busy 以外で「忙しい」と言う時の表現がたくさん出てくるので要チェック！

🎧 17

1. It's great we can spend some time together.

2. Totally. Let's have a nice relaxing night.

3. ★ Yes! Well, you seem swamped lately. Busy?
   Working around the clock!

4. ★ Pretty much. I have been working my ass off...
   Sigh...

6 JUNE Let's eat!

⭐ You seem swamped lately.

swamped は busy を通り越して「多忙極まりない」という意味。先ほど紹介した crazy busy に通じるところがある。You seem ～は「君は～のように見えるけど…」と言う時によく使う言葉。You seem tired.「疲れているように見える」、You seem very excited.「すごく興奮してるみたいね」とバリエーションは広い。

⭐ I have been working my ass off...

動詞＋ my ass off で「～しまくる、～し倒す」という意味。よく言えば没頭し、悪く言えばやりすぎているということ。例を挙げると、I laughed my ass off.「笑い倒したよ」、I beat his ass off.「ボコボコにしてやったぜ」など。おおげさに言う時の口語での会話でよく出てくる言い方だが、ass が出てくる時点で上品ではないので注意！

上品とは言い難い表現が日常会話で使われるのは事実。こういった言葉は使う人は使うけど、使わない人はまったく使わないのでTPOをわきまえよう。こういった言葉は覚えておくと、英語の生きた会話を吸収できておもしろくなるよ。

◎漫画を日本語で言ってみると…

S: 一緒に過ごせるの、嬉しいよ。
D: ほんとに。今夜はゆったり素敵な夜にしようね。
★S: うん！最近忙しそうだよね。大変？
★D: そうなんだよ。めちゃくちゃ働きまくってるんだ…

Episode
04 スモールトークで大活躍♪
What do you do again?

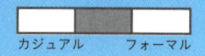

カジュアル　フォーマル

デイビッドは、不動産関係の仕事をしているようです。1コマ目はスモールトーク（雑談）で頻出のフレーズ！必ずおさえて！ってシノは彼氏が何をしているか知らなかったのか… 🎧 18

① ★ So, what do you do again?

② ★ I work for this real-estate company now.

③ Cool! How about your colleagues? Are they nice?

④ ★ Sure, but my supervisor is kind of hard to get along with.

⭐ What do you do again?

What do you do? が一般に職業を問う際の言い方で What is your job? とはあまり言わない。最後に again をつけることで「前聞いたことがあると思うけど」というニュアンスが加わる。例えば What was your name again?「お名前をもう一度いいですか？」が挙げられるが、こちらはぶしつけに言うと失礼にあたることもあるので気をつけよう。

⭐ I work for this real-estate company now.

work for 〜で「〜に勤務する」という意味に。自分の会社名を入れて自己紹介で使おう！ ちなみに work for a bank だと「銀行勤務です」、work with a bank だと「銀行と一緒に働いている（銀行と共同で何かをしている）」、work in a bank だと、働いている場所として「銀行で働いています」というニュアンスになるので使い分けをしよう。

⭐ My supervisor is kind of hard to get along with.

supervisor は監督役や一般社員の中でのリーダーを指す。逆の意味で「付き合いやすい」と言いたい場合は He is very easy to get along with. という表現に。

◎漫画を日本語で言ってみると…

★S: で、何してるんだっけ？
★D: 今は、不動産の会社で働いてるよ。
　S: すごい！ 同僚は？ みんないい人？
★D: うん、でも上司はちょっととっつきにくいかもなぁ。

Episode

05 No, thank you. は冷たい印象!?

I think I'm ok for now.
Thanks, though.

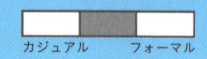

カジュアル　フォーマル

北米のレストランでは、食事をしているとサーバーの人が回って来て様子を聞いてくれます。サーバーとの会話を楽しむのが欧米流。
ちょうど2人のところにも…

🎧 19

① ★ So, you two, how's everything?

② ★ Pretty good. Oh, would you get me a glass of water, please?

③ Sure, right away. Anything for you, sir?

Anything?

④ ★ I think I'm ok for now. Thanks, though.

ok!

6 JUNE Let's eat!

⭐ So, you two, how's everything?

北米のレストランでは、お客に食事やレストランでの時間を気持ちよく過ごしてもらうために、サーバーが各席を回ってこうして質問をしてくることが多い。
他にも Is everything OK with you? や Would you like anything else? なども決まり文句。

⭐ Would you get me a glass of water, please?

a glass of water を他のものに代えれば、色々なお願いをすることができるので、まるまる覚えてしまおう。例えば Would you get me some extra plates?「お皿をいただけますか?」、Would you get us the bill?「お会計を持って来ていただけますか?」など。

⭐ I think I'm ok for now. Thanks, though.

No thanks. だと少しぶしつけな印象を与えるので、丁寧にしたかったらこう言おう。
for now は「今は」なので、「もしかしたら後で何かお願いするかも」というニュアンスを含む。Thanks, though. は、「でも聞いてくれてありがとう」と相手を気遣っている。

◎漫画を日本語で言ってみると…

★A: お2人さま、食事はどうですか?
★S: おいしいです。あ、お水をいただけますか?
　A: もちろん、すぐに。お客さまはいかがですか?
★D: 僕は今のところ大丈夫です。でもありがとう。

Episode

06 気前よくおごりたい時に

Let me get this.

食事も終わり、お支払いの場面です。デートだけれど、シノがお金を出すみたい…？1コマ目は店員さんに対して丁寧な英語を使っています。

① ★ Would you bring us the machine? I'm paying with debit.

② ★ No no, let me get this. This is a date, you know?

③ It's OK. This is what I want to use my first pay cheque for. So...

④ ★ Awww, you are the sweetest! Thank you, Shino.

⭐ Would you bring us the machine?

お会計時の the machine は、北米ではカードの支払機のことを指す。ちなみに、pay with credit は「クレジットカードで」、pay with debit は「デビットカードで」、pay with cash は「現金で」払うということ。クレジットカードでの場合は、支払いの際に Visa? Master? など、カードの種類を聞かれることも多い。

⭐ Let me get this.

It's on me.「おごるよ」に似た表現。近い言い方で I got this. と言う場合も。
まったく同じ言い方で、おごる時以外にも「この場は任せてくれ、受け持たせてくれ」という意味でもよく使う。ときに「ちゃんと理解させてくれ」という意味で使う場合も。

⭐ You are the sweetest!

相手に優しくしてもらったり、心配りを受けた時によく言う。You are the nicest!、You are the coolest!、You are the worst! など、英語は最上級の形を使って、気持ちの抑揚を表現することが多い。最上級を使っているのだから最高/最悪な気持ちを込めて表現しよう。棒読みは NG。

◎漫画を日本語で言ってみると…

★S: カードの機械を持って来ていただけますか? デビットで払います。
★D: いやいや、俺が払うよ。これはデートだしさ?
　S: いいの。初のお給料をこれに使いたいんだ。それで…
★D: わぁぁ、君は素敵すぎるよ! ありがとう、シノ。

6月のおさらい＆もっと知りたい！ネイティブフレーズ

Catch up with this month!

- [ ] What time are you getting off work tomorrow?
    明日っていつ仕事が終わるの？
- [ ] It might stretch a little to 5:30pm depending on customers.
    お客さんによっては5時半くらいまで延びるかも。
- [ ] Do you want to grab dinner after?
    その後ご飯でもどう？
- [ ] Can't wait!　楽しみにしてるね！
- [ ] Sorry for making you wait.　待たせちゃったね。
- [ ] No big deal.　まったく問題ないよ。
- [ ] I have a reservation for two for 6:30pm under my name, David.
    6時半から2名で私の名前で予約しています、デイビッドです。
- [ ] Certainly. Please follow me, I'll show you where your seats are.
    かしこまりました。ついて来てください、お席までお連れします。
- [ ] I'd like to have a reservation for two at 6:30pm under my name, David.
    デイビッドの名前で6時半に予約を取りたいのですが。
- [ ] You seem swamped lately.　最近忙しそうだよね。

6　JUNE　Let's eat!

- [ ] I have been working my ass off...
  めちゃくちゃ働きまくってるんだ…
- [ ] I laughed my ass off.　笑い倒したよ。
- [ ] What do you do again?
  何をされていましたっけ？（仕事を聞く）
- [ ] What was your name again?
  お名前をもう一度お願いします。
- [ ] I work for this real-estate company now.
  今は、不動産の会社で働いてるよ。
- [ ] How about your colleagues?　同僚はどう？
- [ ] My supervisor is kind of hard to get along with.
  上司はちょっととっつきにくいかもなぁ。
- [ ] So, you two, how's everything?
  お２人さま、食事はどうですか？
- [ ] Would you get me a glass of water, please?
  お水をいただけますか？
- [ ] Sure, right away.　もちろん、すぐに（お持ちします）。
- [ ] Anything for you, sir?　お客さまはいかがですか？
- [ ] I think I'm ok for now. Thanks, though.
  今のところ、私は大丈夫です。ありがとう
- [ ] Let me get this. = It's on me.　私が払うよ。
- [ ] You are the sweetest!　素敵すぎるよ！

▼7月で学べること

- 喧嘩で言い合う時のフレーズ
- 他の語学書には載っていない!?
 F-wordなどの取り扱い注意用語も登場!

7 JULY 恋愛に喧嘩はつきもの…

Episode

01 お誘いをスマートに断る時に

I'll have to pass.

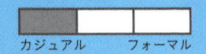

カジュアル　フォーマル

シノはデイビッドと出かけたい様子。
でもデイビッドは多忙なようで…
4コマ目の drop by を使えたらネイティブっぽい！

🎧 21

①
Hey David, how about we go out next Sunday?
※ At David's room

②
★ Umm, I'll have to pass. I have plans with my boss.
Thanks

③
OK...how about a cup of coffee tomorrow after work?

④
★ No can do. I have to drop by my client's office for a bit.
Sorry…

7 JULY 恋愛に喧嘩はつきもの…

⭐ I'll have to pass. I have plans with my boss.

この場合の pass は、ボードゲームなどでの「パス」と同じで自分の番を飛ばしてしまうという意味。I'll pass. と言うと「私はいいや」と消極的な感じになるが、I'll have to pass. と言うと「残念だけど、仕方なくて」というニュアンスが加わる。また、have plans with 人で「人と予定がある」という意味に。

⭐ I have to drop by my client's office for a bit.

drop by で「ちょっと立ち寄る」という意味でネイティブがよく使う。visit は「予定を決めて訪問する」ニュアンスが強いのに対し、drop by は「ちょっと顔を出す」といった語感なので違いをおさえたうえで使おう（stop by も仲間）。

> デイビッドが連発している have to だけど、ニュアンス的には「外部から何かしらの制約があり〜しなければならない」といった意味があるんだ。このシーンによく合った言い回しだね。

◎漫画を日本語で言ってみると…

S: ねぇデイビッド。次の日曜に出かけない？
★D: あぁ、パスだなぁ。上司と予定があって。
S: じゃあ、明日の仕事終わりにコーヒーでもどう？
★D: それもダメだ。ちょっとクライアントのオフィスに行かないとで。

Episode

02 喧嘩はこれで乗り切る？

I can't help it, can I?

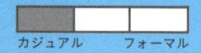

カジュアル　フォーマル

デイビッドの対応に、不満を打ち明けるシノ。言い合う時のフレーズがたくさん出てくるので真似してみて！

🎧 22

① ★ (Sigh...) Nowadays, you are always like that.

Booo...

② Huh? What do you mean?

③ I'm saying, you are always busy and never have time to spend with me.

Sip...

④ ★ Hey, but I can't help it, can I? I'm trying my best?

Hey　Hey

7 JULY 恋愛に喧嘩はつきもの…

⭐ Nowadays, you are always like that.

nowadays は「近頃」という意味だが、「now に近い日々を指すイメージ」で覚えよう。
「あなたはいっつもそれだ」とかわり映えしないことを指摘する一言で、always があることで飽き飽きした気持ちを表現している。

⭐ I can't help it, can I?

この help は単に「助ける」という意味の help ではなく、「役立つ、よい作用を及ぼす」という意味での help。
言い訳がましいというか、あまり印象のよい言い方ではないので注意。

「喧嘩」にも色々あり、fight は「（激しい・暴力的な）喧嘩、衝突」、argument は「口論・口喧嘩」、insulting each other は「罵り合い」、name-calling は「悪口」など覚えておきたい。

◎漫画を日本語で言ってみると…

★S:（はぁ…）近頃いっつもそうだね。
 D: え? どういう意味?
 S: いつも忙しくて全然一緒にいてくれないって言ってるの。
★D: でもそんなの仕方ないじゃないか。最善をつくしてるよ?

Episode

03 fuck は正しく使いましょう

Are you f*cking serious?

カジュアル　　　フォーマル

だんだんヒートアップし、2人の小言は口論に発展！ 放送禁止用語が飛び出してしまいましたがこれぞリアル。そのまま載せてしまいます…

🎧 23

① ★ What do you want me to do? What's the matter with you?

② I don't know. I'm just in a bad mood and it's your fault.

Hmph

③ ★ Are you f*cking serious? Trying to pick a fight or something?

irritated...

④ ★ Don't give me that attitude, I'm just telling you the truth!

⭐ What do you want me to do?

特に男女間の言い合いではよく聞く一言！
「自分にどうしてほしいんだ？」という気持ちを表現する時の決まり文句だが、言って事態がよくなるイメージはあまりない…ちなみに What do you want from me!?「何が望みなの!?」という似た言い方もある。

⭐ Are you f*cking serious? Trying to pick a fight or something?

fuck は通称 F-word。この場合 serious を最大限に強調する意味で使われている。が、あまり、いやかなりよろしくない言葉なので、使用するかはあなた次第。pick a fight で「喧嘩をふっかけようとする」といった意味になる。
or something は会話でよく聞く表現で、日本語で言えば「～か何か」という意味になる。

⭐ Don't give me that attitude!

give attitude で「よくない態度を取る」という意味になる（attitude は「態度、姿勢、意欲」など多義語）。態度の悪い子どもに対して親が放つ一言でもある。
似た言い方として What is that attitude!? や Don't give me that tone! がある。

◎漫画を日本語で言ってみると…

★D: どうしろって言うんだよ? 一体どうしたんだよ?
　S: さぁ。機嫌がよくないだけだよ、あなたのせいで。
★D: マジかよ、喧嘩売ってるのか?
★S: 何なのその態度、ホントのこと言ってるだけじゃん!

Episode

04 go too far って何て意味？

I think I went too far.

カジュアル　フォーマル

ついに、気持ちが高ぶったシノが、言ってはいけない一言を言いかけて…。喧嘩がヒートアップしたため要注意用語が連発ですが…ようやく仲直りの兆し？

🎧 24

①
...OK, Shino.
Tell me what to do and I'll do it.

Haaa...

②
★ Bullsh*t! If you keep being like that, then maybe we shouldn't be togeth...

Stop!
You jerk!

③
★ Please don't say what you are about to say.

④
★ ... Sorry.
I think I went too far.

⭐ Bullsh*t!

shit の意味「くそ」は知っている人も多いが、bullshit だと「嘘、嘘つき、ふざけてる、言っていることが違う」といった意味になる。こちらも上品な言葉ではないので、多用は禁止！

⭐ Please don't say what you are about to say.

少しひねった言い方だが、what you are about to say で「今言いかけたこと」という意味。
応用すると、What was it you are about to say?「今言いかけたこと、何だったの？」という言い回しができあがり！

⭐ I think I went too far.

go too far で「しすぎる」という意味になる（漫画では無茶苦茶に言い合いをしていたので、「言いすぎた」という意味になっている）。
例えばイタズラを仕掛けて、それが何かのトラブルにつながってしまった場合にも I went too far... と言う。

◎漫画を日本語で言ってみると…

D: わかった、シノ。俺がどうしたらいいか教えて。そうするから。
★S: ふざけないで! あなたがずっとそんなふうなら、いっそのこともう…
★D: 今言いかけたことは言わないで。
★S: …ごめん、言いすぎた。

Episode

05 ガチな時にこの一言できめる！

I'm dead serious.

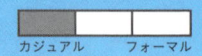

少し気持ちが落ち着いた後、デイビッドが思いついた突拍子もないアイディアとは…

25

① ★ ... Hey. Here's a crazy idea. Why don't we move in together?

② ★ It's just like you. You always change the subject when you are put on the spot.

Sigh...

③ ★ No no, this all makes sense and solves all the problems.
I'm dead serious.

④ Wait, are you... serious!? For real??

⭐ Why don't we move in together?

move in together で「同棲をスタートする」という意味になる。Why don't we do it? は Let's do it.（やろう！）と言い切るよりも相手に対して「こうしてみたらどうだろう？」と提案的になるので、表現に差をつけたい時に！

⭐ You always change the subject when you are put on the spot.

change the subject（topic）で「話をそらす」、put on the spot で「追いつめる」など覚えたい言い回しが目白押し。Don't change the subject!「話をそらすな！」、You always put me on the spot...「君はいっつも俺を追いつめるんだから…」といった感じだ。似た表現に、You are cornering me!「そんなに追いつめないでよ！」もある。

⭐ This all makes sense. I'm dead serious.

make sense で「辻褄が合う、意味・筋が通る」という意味で、よく耳にする一言。dead serious は、文字通り「死ぬほど真剣」。crazy busy、f*cking serious、dead serious… と、英語にも日本語にも、ネガティブな言葉をつけて強調することがある点にも注目（「クソ真面目」など）。

◎漫画を日本語で言ってみると…

★D: なぁ、突拍子もないアイディアなんだけど…俺たち、一緒に住むか？
★S: あなたらしいね。追いつめられるとすぐに話をそらすんだから。
★D: いやいや、辻褄合うし、全部問題は解決するじゃん。俺は、大まじめだよ。
　S: え、待って…本気? マジ!?

Episode
06 意外に使える優秀ワード
Just like that,

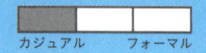

カジュアル　フォーマル

Qに同棲の報告に来たデイビッドとシノ。
彼らの報告はいつも突然です。

🎧 26

①
★ What!?
Just like that, you suddenly decided to move in together!?
WTF!?

②
Yeah, pretty much... haha...
Haha ha...

③
★ The feeling was mutual anyway.
Hehe...

④
You guys are always like that...
Ha ha...

7 JULY 恋愛に喧嘩はつきもの…

⭐ Just like that,

簡単な一言だが、「そんな（些細・簡単な）ことで、そのまんま」といったニュアンスで、この3語の言い切り調でもよく使われる。
You broke up, just like that!?「それで、そのまま別れちゃったの!?」など応用がきく言い回し。

⭐ The feeling was mutual anyway.

mutual は「共通の」という意味で、英語版 Facebook の「共通の友達」は Mutual Friends となっている。
言葉の切り出しに Anyway と言うと「とにかく」と言った意味になるが、こういうふうに文の最後に含めると「どのみち、いずれにせよ」という意味合いを付加することができる。

1コマ目のWTF!?は、実はWhat the fuck!?の略。他にもOMG (Oh my God) やFYI (for your information) と頭文字で略すことはしばしば。

◎漫画を日本語で言ってみると…

★Q: はぁ!? そんなんでお前ら同棲決めたん!?
　D: まぁ、ね…あはは…
★S: まぁでも、結局お互いそう考えてて。
　Q: お前ら、いっつもそんな感じやんな…

7月のおさらい＆もっと知りたい！ネイティブフレーズ

Catch up with this month!

- How about we go out next Sunday?
  次の日曜に出かけない？
- I'll have to pass. パスしなくては。
- I have to drop by my client's office for a bit.
  ちょっとクライアントのオフィスに行かないとなんだ。
- Nowadays you are always like that.
  近頃いっつもそうだね。
- I can't help it, can I? I'm trying my best?
  そんなの仕方ないじゃないか。最善をつくしてるよ？
- What do you want me to do?
  どうしろって言うんだよ？
- What's the matter with you?　一体どうしたんだよ？
- What do you want from me!?　何が望みなの!?
- I'm just in a bad mood and it's your fault.
  機嫌がよくないだけだよ、あなたのせいで。
- Are you f*cking serious? Trying to pick a fight or something?
  マジかよ、喧嘩売ってるのか？
- Don't give me that attitude.　何なのその態度。

7　JULY　恋愛に喧嘩はつきもの…

- [ ] Bullsh*t!　ふざけないで！
- [ ] Please don't say what you are about to say.
  今言いかけたことは言わないで。
- [ ] I think I went too far.　言いすぎたよ。
- [ ] Why don't we move in together?
  私たち、一緒に住む？
- [ ] You always change the subject when you are put on the spot.
  追いつめられるとすぐに話をそらすんだから。
- [ ] I'm dead serious.　大まじめだよ。
- [ ] For real??　本当に？
- [ ] Just like that,　そんなことで、
- [ ] You broke up, just like that!?
  それで、そのまま別れちゃったの!?

● 7月のフォーカス　〜強調語〜

Super, Crazy, Dead をつかって、おおげさに言おう！　HEHEHE!

Your puppy is cute! アナタの子犬かわいい！	→ **Your puppy is super cute!** アナタの子犬 超 かわいい！
That guy is rich! あいつはお金持ち！	→ **That guy is crazy rich!** あいつはヤバイくらいお金持ち！
I'm being honest! 正直になってるよ！	→ **I'm being dead honest!** 死ぬほど 正直になってるよ！

▼8月で学べること

- ナイアガラにニューヨーク！旅行英会話をマスター
- 道の聞き方
- Great!以外の感動や感想を表す言い回し

8
AUGUST

Qのカナダ＆N.Y. 1人旅！

Episode

01 旅行時に大活躍!!

Any recommendations for what to see in Toronto?

カジュアル　フォーマル

舞台は変わって、カナダ最大の都市、トロントに。Qの1人旅のはじまりです。旅行で使える便利フレーズが続々登場!

🎧 27

① Hey! Over here!

② ★ Would you take me to the intersection of Bloor st. and Yonge st.?

③ ★ By the way, any recommendations for what to see in Toronto?

Any where?

④ ★ How about the Niagara Falls? It's just an hour away.

Toronto
Niagara

⭐ Would you take me to the intersection of Bloor st. and Yonge st.?

旅行の際、特にタクシーに乗ると必ず口にする一言のひとつ。intersection は「交差点」という意味なので、ここを代えると色々な言い方ができる。
例えば Would you take me to Hyatt Hotel?、Would you take us to the closest Japanese restaurant you know? など。

⭐ Any recommendations for what to see in Toronto?

Any recommendations? と単体で聞けば、「何かオススメある?」となるので、レストランなどでも使える一言に。また、例えばあまり具体的な計画を立てずに行った先などで、現地の人にオススメを聞く時などに使える。筆者自身も旅先でよく使う。Anything interesting around here?「この辺に何かおもしろいものある?」も使ってみよう。

⭐ It's just an hour away.

シンプルに、所要時間を伝える一言。
ただ、時間のみを言うのではなく、例えば It's just a couple of blocks away.「ほんの数ブロック先だよ」、It's just two streets away.「2通りだけ先だよ」などの言い方で距離感を伝えることも可能だ。

◎漫画を日本語で言ってみると…

Q: こっちこっち〜。
★Q: ブロアストリートとヤングストリートの交差点に行ってもらえますか?
★Q: ところで、トロントでおすすめって何かあります?
★A: ナイアガラの滝は? 1時間くらいで行けるよ。

Episode 02 感動はたったの３語で！

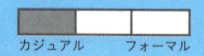

What a place!!

カジュアル／フォーマル

世界最大の滝、ナイアガラ！ 夜のライトアップがおすすめです！
２コマ目の breathtaking は言葉にならない感動を表す時によく使われます。

🎧 28

① ★ OH MY GOD!!! It's so huge! What a place!!

② ★ You should come back at night. The illumination is just breathtaking!

③ ★ Wow, that's a must-see! Thanks for the tip! Sounds awesome!

④ Not a prob. Cheers! Thanks so much! Cheers!

⭐ What a place!!

気持ちが高揚しているのを生き生きと伝えられる言葉！場所やものだけでなく、例えば What a night!「なんちゅう夜や！」What a guy!「何てヤツだ」と、色々と言える。ただ、ネガティブな意味に聞こえる場合もあるので注意しよう。What a night! → What a wonderful night! など、形容する言葉をつけると誤解は生まれない。

⭐ The illumination is just breathtaking!

breathtaking は breath という言葉が入っている通り「息を飲む、圧巻な」という意味で絶景に強く心を動かされた時などに使う。
カナダにはナイアガラの他にも、カナディアンロッキーの山々や湖など breathtaking な景色がたくさん！

⭐ Thanks for the tip!

tip は、「心づけ」の他に「アドバイス、ヒント、コツ」という意味もある。
親切に何かを教えてもらったり、普通では知り得ないようなことを教えてもらった時に、とっさにこう切り返せるとナイス！

◎漫画を日本語で言ってみると…

★Q: うぉぉぉ!! でかっ!! なんちゅう場所や!!
★A: 夜戻って来るといいよ。ライトアップは息を飲むほどだから。
★Q: それは絶対見なあかんな! いいこと教えてくれてありがとう!
　A: いいえ〜。それじゃね!

Episode

03 道に迷った時のヘルプ！

I need to find the way to the Metro.

カジュアル　フォーマル

カナダでは実は英語に加えてフランス語も公用語。フランス文化の影響を受けているモントリオール！ まるでパリを歩いているかのような気分に★

🎧 29

① ★ Wow, the city looks totally different from Toronto.

Classic!

② ★ Well, I need to find the way to the Metro.

Let's see...

③ Bonjour, excus...e? mo...moi...?

④ Bonjour! No worries, we speak English too in Montreal.

8 AUGUST Qのカナダ＆N.Y.1人旅！

⭐ The city looks totally different from Toronto.

「見た目が全然違う」と言いたい時の一言で、totally は「まったく、すっかり、間違いなく」という意味。
もちろん町並みに対してだけでなく、You look totally different from usual.「普段と全然見た目（雰囲気）が違う」と人やものにも使えるので便利だ。

⭐ I need to find the way to the Metro.

find the way で「何か方法を見つける、考え出す」という意味になる。look for the way よりも find the way の方が、何か明確な答えや方法がある（もしくは考えつく）イメージ。find the way は道だけのことを言っているのではないので、I need to find the way to start fire.「火を起こす方法を見つけないと」などとバリエーションは豊か。

カナダの公用語は英語とフランス語。実際、東部のモントリオールやケベックではフランス語が飛び交います。が、バンクーバーではほとんどフランス語を耳にすることはありません！

◎漫画を日本語で言ってみると…

- ★Q: うわぁ、町並みがトロントと全然ちゃう。
- ★Q: メトロまでの行き方を調べんとなぁ。
- Q: ぼ、ボンジュール…えくすきゅ…せ…モァ?
- A: ボンジュール! 大丈夫、モントリオールでは英語も喋るから!

Episode
04 「朝イチ」は英語で何と言う？
first thing in the morning

カジュアル　フォーマル

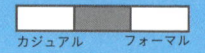

カナダからお隣アメリカのN.Y.に到着です！ The Big Apple は常に busy！ Q は以前にも N.Y. に来たことがあるようです。

🎧 30

① So, I came back to the Big Apple!

② ★ There is so much to see no matter how many times I come back here!

③ On the way to my hostel, I can browse through SOHO a little.

④ ★ And, tomorrow, I will pay my visit to the Statue of Liberty first thing in the morning!

⭐ There is so much to see no matter how many times I come back here!

no matter how many times 〜で「何回〜しても」という意味に。She doesn't let me explain no matter what!「彼女はどうやっても私に説明させてくれない！」と文の最後につけることも！

⭐ I will pay my visit to the Statue of Liberty.

pay one's visit はあまり見慣れない言い方かも知れないが、先ほど出てきた drop by に対して、しっかり「訪問する」という意味になる。例えば I think I should pay my visit to my relatives.「親戚のところはたずねるべきだよなぁ」といった具合。

⭐ first thing in the morning

日本語の「朝イチ」にあたる表現がまさにこれ！
I will get it done first thing in the morning!「朝イチで終わらせます！」なんて言い回しは仕事でも使えそうだ。

◎漫画を日本語で言ってみると…

Q: 戻って来たで! ビッグアップル!
★Q: 何回戻って来ても、見るもんいっぱいあるなぁ!
Q: ホステルに行く途中に、ちょっとソーホーを見て回ってっと。
★Q: 明日は朝イチで自由の女神を見に行こっと!

Episode

05 外国行ったら連発しちゃう!?

I'm not from here...

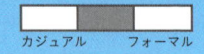

自由の女神を見た後で…お次の目当ては
タイムズスクエアです。新宿の何百倍も
の喧噪を目指して道を聞いてみます。

① Excuse me, is this the subway line to 42nd street? I'd like to get to Times Square.

② ★ Oh no. You'd better catch the red one instead of yellow.

③ ★ Thanks a lot. I'm not from here so kind of having a tough time getting around.

Hahaha...

④ I understand. You've just got to get used to it.

8 AUGUST Qのカナダ＆N.Y.1人旅！

⭐ **You'd better catch the red one instead of yellow.**

You'd better 〜で、強い提案、場合によっては忠告になる。You'd better quit it before you hurt yourself.「怪我する前にやめた方がいいと思うけど」などと使う。
instead of 〜は日本のイディオム系参考書でもおなじみの熟語で意味は「〜の代わりに」。

⭐ **I'm not from here so kind of having a tough time getting around.**

get around には「身動きをとる、周りの様子を知る」といった意味がある。have a tough time は「骨が折れる、苦労する」といった意味だ。kind of は、日本語で言えば「ちょっと」「何となく」というように、言葉を少し濁すような意味合いがある。

カナダを抜けてThe Big Appleに行き着いたQ。トロントからニューヨークは飛行機でわずか2時間ほどなのでビジネスの交流も活発です。

◎漫画を日本語で言ってみると…

Q: すみません、42番通りへはこの線で合ってますか？ タイムズスクエアに行きたくて。
★A: あ、違うよ。黄色じゃなくて、赤いのに乗った方がいい。
★Q: ありがとう。ここの出身ちゃうから、あんまりうまく動き回れなくて。
A: そうだろうね。まぁ、慣れが必要だね。

Episode

06 cool と OK は同じ意味 !?

Is it cool if ...?

カジュアル　フォーマル

南北4km、東西0.8kmの広さを誇るセントラルパークはN.Y.のオアシス的存在。東側には有名なメトロポリタン美術館もあります。
そこでちょっとひと息するようです。 32

① I guess I saw pretty much all I wanted to see this time... Hmm?

② I wonder what they are doing...Dancing?

③ ★ Hey is it cool if I join you guys? Looks pretty fun, man.

④ ★ 'course bro! Jump in!

⭐ Is it cool if I join you guys?

cool というと「かっこいい」という訳がまず浮かぶかもしれないが、Is it cool? の形で、「〜していいかな？、大丈夫かな？」と問いかけをする時によく使う口語的な表現だ。if I 以下を代えると色々な表現が可能。Is it cool if I borrow your pen?「ペンを借りていい？」、Is it cool if I bounce now?「もう帰っていい？」など。

⭐ Jump in!

文字通り「飛び込む」という意味で「参加しなよ、仲間に入りな！」という表現になる。似た表現で Hop in! がある。「突然参加する」という意味でも、Sorry for jumping into the party.「突然パーティに入れてもらって、ごめんね」というふうに使える便利フレーズ！

ニューヨーカーの憩いの場といえばセントラルパーク。オノ・ヨーコがジョン・レノンに捧げたストロベリー・フィールズもここに。ジョンが殺害されたダコタ・ハウスもすぐそばに残っている。

◎漫画を日本語で言ってみると…

Q: たぶん今回見たかったもんはだいたい見たよなぁ…ん？
Q: 何をしてるんやろ…ダンス？
★Q: なぁ、それ俺も入っていい？ めっちゃ楽しそうやん。
★A: もちろん、来い来い！

Episode

07 ワクワクした気持ちを表現！

I can't wait to...

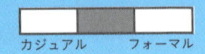

バンクーバーに戻ったQ。
ああ、どうやら大事なことを忘れているよう…

🎧 33

1. ★ Home sweet home, Vancouver!

2. ★ I don't know what it is, but it feels so good to be back.

3. ★ I've visited many places this time. I can't wait to tell the story to... Toronto... Niagara... Montreal... and and...

4. ...Damn it. I forgot to buy souvenirs for those two... Oh Damn...

⭐ Home sweet home, Vancouver!

訳は「ただいま」としているが、必ずしもそういう意味だけではなく、「やっと帰って来た！ やっぱり家が一番だな」というニュアンスも含む。19 世紀の John H. Payne による楽曲 "Home! Sweet Home!" からきているフレーズ。

⭐ I don't know what it is, but…

「何かと言われれば難しいけど」という自分の中では確信めいた感覚があるけど形容しがたい事柄に対して使う。
言葉にしきれない感覚を覚えたり、何か違和感を感じたりした時に使ってみよう。例えば I don't know what it is, but you look gorgeous today!「何かはわからないけれど、今日素敵だね！」という感じ。

⭐ I can't wait to tell the story.

この場合の story は「お話、土産話、体験談」といった意味で使われている。他にも、Story time! と言うと、「お話の時間だ！」という意味になる。

◎漫画を日本語で言ってみると…

★Q: ただいま、バンクーバー！
★Q: 何かようわからんけど、帰って来るとホッとするねんなぁ。
★Q: 今回は色んなところに行ったから、あいつらに話するの楽しみで…
　Q: しまった、2人にお土産を買って来るの忘れた。

8月のおさらい&もっと知りたい！ネイティブフレーズ

Catch up with this month!

- [ ] Would you take me to the intersection of Bloor st. and Yonge st.?
 ブロアストリートとヤングストリートの交差点に行ってもらえますか？
- [ ] Any recommendations? 何かオススメある？
- [ ] It's just an hour away. 1時間くらいで行けるよ。
- [ ] It's just a couple of blocks away.
 ほんの数ブロック先だよ。
- [ ] It's just two streets away. 2通りだけ先だよ。
- [ ] What a place!! 何て場所なんだ！
- [ ] The illumination is just breathtaking!
 ライトアップは息を飲むほどだから。
- [ ] Wow, that's a must-see! Thanks for the tip!
 それは絶対見ないと！ いいこと教えてくれてありがとう！
- [ ] Not a prob. どういたしまして。
- [ ] Cheers! それじゃあ！
- [ ] No worries. 大丈夫／心配ないよ。
- [ ] On the way to my hostel, ホステルに向かう途中、

8 AUGUST　Qのカナダ＆N.Y.1人旅！

- [ ] I will pay my visit to the Statue of Liberty first thing in the morning!
  朝イチで自由の女神を見に行こっと！
- [ ] I'd like to get to Times Square.
  タイムズスクエアに行きたくて。
- [ ] You'd better catch the red one instead of yellow.
  黄色じゃなくて、赤いのに乗った方がいい。
- [ ] I'm not from here so kind of having a tough time getting around.
  ここの出身じゃないから、あんまりうまく動き回れなくて。
- [ ] You've just got to get used to it.
  まぁ、慣れが必要だね。
- [ ] Is it cool if I join you guys?
  私も加わっていい？
- [ ] Is it cool if I borrow your pen?
  ペンを借りていい？
- [ ] Is it cool if I bounce now?
  もう帰っていい？
- [ ] Sorry for jumping into the party.
  突然パーティに入れてもらって、ごめんね。
- [ ] I can't wait to 〜.　〜するのが待ちきれない。
- [ ] Story time!　お話の時間だ！

Qのつぶやき Coffee Break ③

謝りすぎてない？

「日本人は"Sorry."と言いすぎる」とはよく言われますが、日本人が言う"Sorry."は"Thank you."に言い換えられることが実に多いです。会話を例に見てみましょう。

A: あなたのデスク、今朝きれいにしといたよ。
B: すみません。

A: I cleaned up your desk this morning.
B: ◯ Thank you.
B: ✕ Sorry.

ここで、日本語の「すみません」をどういうニュアンスで使っているか考えてみてください。本来の「謝罪」の他に「何か相手にしてもらった時」にも「お礼」や「恐縮」のニュアンスを込めて「すみません」「すみません」と頻繁に使う方も多いと思います。

この日本語で頻繁に使われる「すみません」がそのまま "Sorry." に置き換わっているのですが、そこが落とし穴。**英語のネイティブからすると、「何でそんなに謝ってるの？」と**不思議に思われることもしばしばあります。

　また、ネイティブなら "Excuse me." と言うところを "Sorry." と言ってしまうケースも多く見られます。

　例えば、混んでいるバスの中で人をかきわけて降りたい時。"Sorry!" と言ってしまいそうですが、ここは "Excuse me." で大丈夫です。

　日本語を話す時に謝るクセがついてしまっているかもしれないので、英語を話す時はスイッチを切り替えて！　日本語だと自分を下げることで上下関係を作り相手を敬うことがありますが、英語では必ずしもそうではありません。**やみくもに "Sorry." と謝る前に、「相手に本当に伝えたいことは何なのか」をひと呼吸置いて考えてから**言葉を発していきましょう！

▼9月で学べること

- シノとデイビッドの日本珍道中。
  日本の魅力を英語で伝えられるようになる
- 「満員電車」「よろしくお願いします」など
  訳しづらい、説明しづらいものもスラスラ英
  語で伝えられるようになる

9
SEPTEMBER
Welcome to Japan!

Episode

01 「晴天の霹靂」を英語で言うと？

What is it out of the blue?

カジュアル　フォーマル

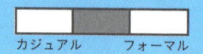

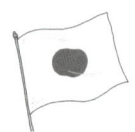

シノからの突然の提案！2人は日本に行くことに！2コマ目のデイビッドのセリフ。「晴天の霹靂」を英語で言うとこうなるんです！

🎧 34

①
★ Hey David. Can't you get like two weeks off of your work?

②
★ What is it out of the blue? I guess I could now that the crazy season is over...?

Hmm... 2 weeks huh...

③
★ Hear me out. Why don't we take a trip to Japan!?

Ta-dah!

④
What!? That's...actually the coolest idea! Let's do that!

Ohhhhh!! Awesome!

⭐ Can't you get like two weeks off of your work?

off には「休日」という意味があるが、two weeks off「2週間の休み」といった使い方もできる。
get 〜 days off「〜日間休みを取る」、get a week off「1週間休みを取る」と実際に単語を入れ替えて使おう。
like は口語的で日本語で言えば「とか」に近く、言葉を少し濁す時に使う（2週間休み取れない？→2週間とか休み取れない？）。

⭐ What is it out of the blue?

all of the sudden と同じような意味で「突然」を表す out of the blue。「青天の霹靂」の英語バージョンだ。
これを What is it all of the sudden? と言い換えても OK。

⭐ Hear me out.

シンプルな表現で、「聞いて、準備はいい？」という意味の切り出しの一言。「これからすごいことを言うから、聞いて」という「溜め」や「前置き」のニュアンスが含まれている。
Listen! や Guess what. などがお仲間の表現。

◎漫画を日本語で言ってみると…

★S: デイビッド、2週間くらい、休み取れない？
★D: 突然どうしたの？ 忙しい時期もすぎたし、できなくはないと思う…
★S: 聞いて。日本に旅行するって、どう思う!?
　D: はぁ!? それ…ヤバイね! 行こう!

Episode

02 ちょっと下品だけど頻出ワード！
It sucks...

カジュアル　フォーマル

2人の見送りに空港まで来たQは少し不服そうです。1コマ目によく使われるスラング発見！

🎧 35

① ★ It sucks you guys are leaving for Japan right after I came back from my trip... Booo...

② ★ Hey, don't give me that, man. It's just two weeks.

③ Yeah, Q. And we won't forget your souvenir. Hehe...

④ ★ Alright, well...off you go. Message me when you get there.

⭐ It sucks...

日本語で言えば「つまんない、しょうもない、ダルい、面倒くさい」などネガティブな意味で色々使えるが元々下品な意味を持つ言葉なので注意。
It sucks we have a quiz tomorrow.「明日小テストとかダルい」、This movie sucks!「この映画つまんね！」といった感じ。元々の形は suck で三単現の s がついています。

⭐ Don't give me that, man.

この場合 that は Q が言っている文句のこと。「そんなふうに言わないでくれよ」となだめる意味で言われているが、語調によっては「ネガティブな意見や態度をこちらによこすな」という意味になることもある。
Don't give me that attitude. と似た形。

⭐ Off you go.

off には「離れて」という意味があるとおさえておこう。「ほら、それそれ、行きなさい」というニュアンスで言い放つ一言。

◎漫画を日本語で言ってみると…

★Q: 俺が旅行から帰って来てすぐに2人が日本に行くとか、つまんなすぎる…
★D: そんなこと言うなよな。いっても2週間だけだし。
 S: そうだよ、Q。あと私たちはQへのお土産を忘れないからね。ひひ…
★Q: まぁええわ。行っといで。着いたらメッセージしてや〜。

Episode

03 テンション高すぎな友達に…

Don't get ahead of yourself.

カジュアル　フォーマル

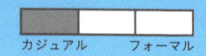

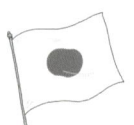

だいぶ excited なテンションのデイビッド。外国人に日本語を教える時に使えるフレーズの登場です。

🎧 36

① WOWOWOW!!! Let's go, Shino! This is my first time ever to be in Japan!
Wooooh! Here I come!

② ★ Hahaha, ok David. Don't get ahead of yourself.
Haha
I knew this would happen...

③ ★ Oh. How do I say, "Nice to meet you." and "Thank you." in Japanese?
Come to think of it...

④ ★ You can say, "Hajimemashite." for "Nice to meet you." and "Arigato." for "Thank you."
Arigato!
Ah... Ari... ga...

9 SEPTEMBER　Welcome to Japan!

⭐ Don't get ahead of yourself.

「先走らないで、空回りしないで、焦らないで」と注意を喚起する時に使う。エキサイトしている人にかける、とてもよく聞く言い回し。
ちなみに ahead を so full に変えると Don't get so full of yourself.「そんなに自惚れるな」とまったく違う意味に。

⭐ How do I say, "Nice to meet you." in Japanese?

これはカスタマイズすれば言葉を教え合ったり、わからない言い回しを聞いたりする時に便利なフレーズだ。
例えば How do I explain "Okonomiyaki" in English?「英語で"お好み焼き"は何て説明する？」、How do I reply to "What's up?" in English?「"What's up?" には英語で何て返せばいいの？」と語学を学ぶなら絶対役に立つ。

⭐ You can say, "Hajimemashite." for "Nice to meet you."

3コマ目のセリフには普通こう返す。こちらも少しカスタマイズすれば応用がきく。
例えば、You can also say "Aete Ureshii Desu." for "Nice to meet you."「"Nice to meet you." は『会えて嬉しいです』っていう意味でも使えるよ」など。

◎漫画を日本語で言ってみると…

D: うぉぉぉぉ! 行こうシノ! 生まれてはじめての日本だよ!!!

★S: はははは、まぁデイビッド、そう先走っちゃダメだよ。

★D: あ、"Nice to meet you." と "Thank you." は日本語でどう言うの？

★S: "Nice to meet you." は「はじめまして」で、"Thank you." は「ありがとう」だよ。

Episode 04 「満員電車」の説明はこれで完ぺき！

This is Japan's famous jam-packed train for you...

カジュアル　フォーマル

デイビッド、滞在先のシノの実家に向かうために、人生初の満員電車へ…
「満員電車」は jam-packed train ですね。

🎧 37

1. ★ Where the hell do all these people come from!?

2. It looks like we caught rush hour...
SQUEEEEEZE...

3. ★ How can people put up with this during the commute everyday!?

4. ★ Well, this is Japan's famous jam-packed train for you...

⭐ Where the hell do all these people come from!?

この the hell は疑問形の語気を強くした言い方。
Where the hell の hell の部分をさらに強くしたい時は fuck となるが、fuck の婉曲表現として heck, frack, f (eff) などに置き換えることも多い。カナダは日本ほど人が多くないので、イベントなどで人が多い日などは、こういうフレーズを街中でよく聞くことになる。

⭐ How can people put up with this during the commute everyday!?

put up with は「我慢する、耐える」という意味で会話の中でもよく出てくる。
You are not supposed to put up with this.「これに我慢なんてすべきでない」というふうに使える。

⭐ This is Japan's famous jam-packed train for you…

ここでは「満員電車」を jam-packed train と表現している。日本の、車掌さんが乗客を電車に押し入れるような満員電車は、世界的に有名。筆者のホストファザーに YouTube の動画を見せたら笑いながら「こんなのフェイクだよ」と一蹴された経験がある（フェイクだというほど信じられないこと）。

◎漫画を日本語で言ってみると…

★D: この人たちはどっから湧いて出て来るんだ!?
　S: ラッシュアワーの時間にかさなっちゃったみたい…
★D: どうやったらみんなはこの通勤に毎日耐えられるんだ!?
★S: ま、これが日本の有名な満員電車だよ…

Episode
05 喝を入れる時に!!
Quit whining.

カジュアル　フォーマル

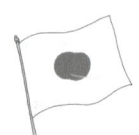

満員電車から降りたら、スカイツリーが見えました！さすが世界一！

🎧 38

1. Hey David, look! That's called Tokyo Sky Tree!

2. ★ Hold up, Shino... I need to catch my breath...

3. ★ Oh, quit whining. Take a look, it's beautiful.

4. ★ Whoa, there is no comparison to Lookout in Vancouver...

⭐ Hold up... I need to catch my breath...

hold up は「ちょっと待って」という意味で、他にも wait up、hang on、hold on など類似の言い方がたくさんある。catch one's breath は「息を整える」。両方ともよく使う表現なので覚えて損なし！

⭐ Quit whining.

whine は聞き慣れないかもしれないが、「ひいひいと泣く、グダグダ言う」という意味がある。
「泣き言（文句）言うなよ」と言いたい時の決まり文句！
whine と似た言い方では weep「ピーピーわめく」がある。

⭐ There is no comparison to Lookout in Vancouver...

There is no comparison. で「比べものにならない」。
日本には秀でたものがたくさんあるため外国の友達からよく聞く一言かも。
There is no comparison to any services in Canada!「カナダのどんなサービスとも比べものにならないよ！」など。

◎漫画を日本語で言ってみると…

S: デイビッド、見て! あれ、東京スカイツリーって言うんだよ!
★D: シノ、ちょっと待って…息が切れちゃって…
★S: もう、だらしないなぁ。見てみなよ、すっごいキレイだよ!
★D: バンクーバーのLookout展望台とは比べものにならないなぁ…

Episode 06 「よろしくお願いします」は英語で何て言う？

I'm very excited to stay with you.

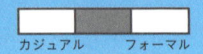

カジュアル　フォーマル

シノの実家に到着した2人。
両親に挨拶をします。

🎧 39

① Ha...hajimemashite. My name is David.

NERVOUS...

② ★ Hajimemashite, David. We finally meet!

Shino's dad
Translating

③ ★ Please make yourself at home, ok?

Translating
Shino's mom

④ ★ Arigato! I'm very excited to stay with you.

Translating

SEPTEMBER Welcome to Japan!

⭐ We finally meet!

会いたくて待ち遠しかった気持ちをスマートに伝える一言。finally に、「やっと、ようやく」という意味があるので、このような言い方になる。ビジネスのシーンでもたまに聞かれることがある（取引先の担当者同士などが会った時など）。

⭐ Please make yourself at home.

「くつろいで」といえばこのフレーズ！
ゲストを呼んだ際には必ずといっていいほど言う。
似た言い方には Please make yourself comfortable. がある。

⭐ I'm very excited to stay with you.

英語では漠然と「よろしくお願いします」とは言わないので、その時々で言い回しが変わる。この場合は「あなたと一緒にいれて嬉しい、楽しい気分だ」と捉えていて、I'm very happy to stay with you. とも言える。仕事上での「よろしく」は Pleased to do business with you. などと言える。

◎漫画を日本語で言ってみると…

D: は、ハジメマシテ、デイビッドです。
★A: はじめまして、デイビッド。やっと会えたね!
★B: くつろいでくださいね。
★D: アリガトウ! よろしくお願いします。

Episode 07

I like ～以外で好きなものを表現してみよう

One of Shino's favourites.

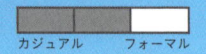

カジュアル　フォーマル

シノママのご飯を食べながら、滞在中の予定について話します。

🎧 40

1. ★ Hey, this stewed potato thing tastes great! What is this?
   Delish!

2. ★ This is "Nikujaga", one of Shino's favourites.
   Thanks!

3. ★ By the way you two, what's your plan for this trip?

4. We will stay in Tokyo for a couple of days and then visit Kyoto.
   TOKYO → KYOTO

⭐ This stewed potato thing tastes great!

煮ものは stewed という表現を使うことが多い。
ゆでたものは boiled、揚げたもの＆炒めものは fried、パンなどを焼いたものは baked、ご飯などを炊いたり火を通すことは cooked などの言い分けがある。burned は「焦げた」という意味なので注意。

⭐ One of Shino's favourites.

好物を言う時の定番フレーズ。
favourite (s) それ自体に「好物の、好きなもの」という意味があるので Fried rice! This is my favourite!「炒飯！これ好物なんだ！」などと言う場合も多々ある。

⭐ What's your plan for this trip?

検討中のことに関してこういうふうに聞くことが多い。for の後を少し代えて、What's your plan for the summer?「この夏はどうするの？」、What's the plan for this presentation?「このプレゼンに対する考えは？」とアレンジ可能。

◎漫画を日本語で言ってみると…
★D: この煮たじゃがいもの料理、とっても美味しい！何ですかこれ？
★B: これは肉じゃがよ。シノの好物なの。
★A: ところで2人とも、旅行のプランは？
　S: 数日は東京にいて、その後京都に行ってみるよ。

9月のおさらい＆もっと知りたい！ネイティブフレーズ

Catch up with this month!

☐ Can't you get like two weeks off of your work?
　2週間くらい、休み取れない？
☐ What is it out of the blue?
　＝ What is it all of the sudden?
　突然どうしたの？
☐ Hear me out. ＝ Listen! ＝ Guess what.　聞いて。
☐ It sucks...　つまんない。しょうもない。
☐ Don't give me that, man.
　そんなふうに言わないでくれよ。
☐ Off you go.　行きなさい。
☐ Don't get ahead of yourself.　そう先走っちゃダメだよ。
☐ How do I say, "Nice to meet you." in Japanese?
　"Nice to meet you." は日本語でどう言うの？
☐ You can say, "Hajimemashite." for "Nice to meet you.".
　"Nice to meet you." は「はじめまして」だよ。
☐ How do I reply to "What's up?" in English?
　"What's up." には英語で何て返せばいいの？
☐ It looks like we caught rush hour...
　ラッシュアワーの時間にかさなっちゃったみたい…

9 SEPTEMBER　Welcome to Japan!

☐ How can people put up with this during the commute everyday!?
どうやったらみんなはこの通勤に毎日耐えられるんだ!?

☐ This is Japan's famous jam-packed train for you...
これが日本の有名な満員電車だよ…

☐ Hold up, Shino...I need to catch my breath...
シノ、ちょっと待って…息が切れちゃって…

☐ Oh, quit whining.　もう、だらしないなぁ。

☐ Whoa, there is no comparison to Lookout in Vancouver...
バンクーバーのLookout展望台とは比べものにならないなぁ…

☐ We finally meet!　やっと会えたね！

☐ Please make yourself at home, ok?
　＝ Please make yourself comfortable.
くつろいでくださいね。

☐ I'm very excited to stay with you.
よろしくお願いします。

☐ What's your plan for this trip?　旅行のプランは？

☐ We will stay in Tokyo for a couple of days and then visit Kyoto.
数日は東京にいて、その後京都に行ってみるよ。

▼10月で学べること

- シノとデイビッドの日本珍道中。日本の魅力を英語で伝えられるようになる
- 秋葉原から清水寺、金閣寺まで…きちんと英語で説明できるように

10
OCTOBER

東京＆京都
珍道中！

Episode

01 日常会話で超頻出！

Looks like...

カジュアル　フォーマル

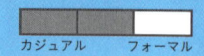

早速東京に繰り出す2人。デイビッドは何かやりたいことがあるようです。

🎧 41

① OK, what would you like to do today?

② Hmm, I'd like to see "Kaminari-mon" then try "Monja-yaki".

③ ★ Looks like you did your homework, huh?
Well done!

④ ★ Hell yeah! There's no time to waste.
Let's go!

⭐ Looks like you did your homework.

homework といえば「宿題」だが、ここでは「予習、自分自身の課題をクリアする」といった意味になっている。ニュアンスを活かして日本語にすると、「ちゃんと、やることやってるね」くらいの意味になる。

⭐ There's no time to waste.

There is no time to の後を変えれば、「〜する時間はない」という言い方でバリエーションができるので覚えておこう。There is no time to argue.「議論してる時間はない」など。

homeworkに似た単語がassignmentだね。前者が「家でやってくること」なのに対して、後者は「先生・上司などに割り振られたもの」を指すよ。

◎漫画を日本語で言ってみると…

S: じゃあ、今日は何がしたい?
D: えっと、雷門を見て、もんじゃ焼きを食べたいなぁ。
★S: ちゃんと下調べしてきたんだね?
★D: もちろん! 時間を無駄にできないだろ?

Episode 02 「聞いたことある」を英語で言うと？

That's what I've heard.

カジュアル　フォーマル

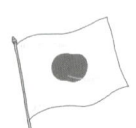

浅草に行った後、デイビッドには寄りたい場所があるようです。

🎧 42

1. ★ Is Akihabara far from here? I'd like to stop by if possible.
   Hmm... Top Top

2. Sure, why not? The place is pretty famous for Japanese sub-culture.
   OTAKU ANIME MANGA COS-PLAY

3. ★ Yeah, that's what I've heard. How do we get there?
   Let's see... Here, this is "Akiba"...

4. We need to use the Ginza-line.
   GINZA LINE

⭐ I'd like to stop by if possible.

stop by で「立ち寄る、ちょっと（ついでに）寄る」といった言い方になる。既出の drop by と似た響きを持つフレーズだ。日常会話やカジュアルなメッセージのやり取りだと、if it is possible → if possible とすることが多い。他にも if it is necessary → if necessary など省略される。

⭐ That's what I've heard.

「みたいだね、そう聞いたよ」と相手に対して同意したり、情報を肯定したりする時によく言う。
似た言い方で、That's what I've been thinking.「そんなふうに考えてたんだ」、That's what I was told.「そう言われたけど」といった言い回しもある。

日本のカルチャーは海外では大人気！
バンクーバーでもドラゴンボールなど漫画、アニメなどが大人気で、日本人より詳しい geek や nerd（オタク）も！

◎漫画を日本語で言ってみると…

★D: 秋葉原はここから遠いのかな？ できればちょっと寄ってみたいな。
　S: いいよ。日本のサブカルチャーでかなり有名な場所だしね。
★D: そうそう、そう聞いたよ。どう行けばいいかな？
　S: 銀座線を使わないとね。

Episode

03 英語らしい感情豊かな表現！

You can't even imagine.

カジュアル　　フォーマル

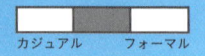

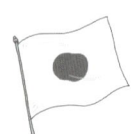

今日は2人が京都に向かう日。はじめての新幹線にデイビッドはウキウキです。弁当は日本ならでは！

🎧 43

① ★ I'm glad, you seem very excited, David.

② ★ You can't even imagine. I'm finally riding the "Shinkansen"!!
Oh my GOD!

③ We should grab some "Eki-ben", too.
This one looks good

④ Oh, so it's a bento box you can get in the station.
I see!

10　OCTOBER　東京＆京都 珍道中！

⭐ You seem very excited, David.

seem は「〜の雰囲気がある、〜のようだ」という意味で、会話の至るところに登場する。例えば You seem very tense. は「緊張してるっぽいね」、It seems so. は「そうみたいだね（そういう雰囲気が出ている）」。応用すれば、The situation we are put right now seems pretty bad.「俺らが今置かれた状況は、かなりヤバイ」と凝った言い回しも。

⭐ You can't even imagine.

要は「想像もつかないでしょ？」という意味。
漫画では「僕のはやる気持ちは、想像すらつかないでしょ？」
…つまり、一定の基準ラインを超えたところに自分の気持ちがあるというイメージで捉えてほしい。

evenは否定文で使うことが多いよ。
例えば、Not even close.
「惜しくもない、的外れ」
You don't even know.
「あなたには知るよしもない」など。

◎漫画を日本語で言ってみると…

★S: 嬉しいな、すごく楽しそうだね、デイビッド。
★D: ホント、どれだけ嬉しいか！ やっと新幹線に乗れるんだよ！
　S: 駅弁も買わなきゃね。
　D: あぁ、これって駅で買える弁当ってことなんだね。

Episode

04 これで会話がどんどん続く！

Now that you mention it...

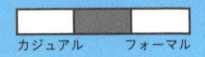

京都についた２人。早速京都タワーに登り、街を一望します。

🎧 44

1. Wow! The view is magnificent!

2. ★ Did you know that the Kyoto tower was made in the image of a lighthouse?

3. ★ Now that you mention it... yeah, it does look like one.

Ahhh... SNAP!

4. Although, people often say it's a candle. What do you think?

10 OCTOBER 東京＆京都 珍道中！

⭐ Did you know that the Kyoto tower was made in the image of a lighthouse?

in the image of 〜で「〜をモチーフに」という意味。
日本のものは、大陸から渡って来たものをモチーフに作られたものが多いので、This temple was made in the image of an old temple in China.「このお寺は、中国の古いお寺をモチーフに作られました」など言い換えがきくはず！

⭐ Now that you mention it...

相手が言ったことに対して「それを言ったから思い出したよ」というニュアンスを含むこのフレーズ。
例えば、A: I saw Natalie this morning.「今朝ナタリーを見たよ」B: Now that you mention it, I need to pay money back to her.「そういえば、彼女にお金を返さなきゃ」といった感じだ。

ちなみに「〜ちなんで、命名された」はnamed afterと言うよ。例えば、My mom was named after my grandma's favourite flower「僕のお母さんの名前は、僕のおばあちゃんの好きな花の名前にちなんでるよ」など。

◎漫画を日本語で言ってみると…

D: わー！ すごい眺めだね！
★S: 京都タワーって、灯台をイメージして作られたって知ってた？
★D: 言われてみれば…確かに見えるかも！
S: でも、よくこれはロウソクだって言われるの。どう思う？

Episode

05 清水寺を案内しよう

The legend says...

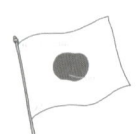

京都タワーから移動して、今度は清水寺に来ています。清水寺は外国人に人気のスポットのひとつ！

🎧 45

1. ★ Can you believe this stage was constructed without using a single nail?

2. What!? How is that even possible!? That's amazing...
   Careful...

3. ★ The legend says your wish would come true if you jumped off the stage and landed alive.
   It's a crazy idea though...

4. ★ Damn..., what kind of legend is that!?

10 OCTOBER 東京&京都 珍道中！

⭐ Can you believe this stage was constructed without using a single nail?

be constructed は「建設される」という意味。街中で Under Construction という看板を目にすることがあるが、これは「工事中」を指す。single は「1本たりとも」と強調のために挿入されている。

⭐ The legend says...

legend といえば「伝説」が思い浮かぶかもしれないが、「言い伝え、伝承」という意味で広く使われ、人物に使うことも多い。漫画のフレーズに関連して、Your wish will come true.「願いが叶う」という言い回しも覚えておこう。

⭐ What kind of legend is that!?

直訳すると「それはどういう種類の言い伝えですか？」となるが、ニュアンスとしては「それどうなのよ!?」と、相手にツッコミを入れる切り返しの一言。What kind of ～ is that!? の～の部分を代えて、What kind of joke is that!?「何の冗談だよ、それ!?」もよく聞かれるフレーズ。

◎漫画を日本語で言ってみると…

★S: この舞台は、釘を1本も使わずに建てられたって信じられる？
　D: は!? どうやったらそんなことできるんだ!? スゲェ…
★S: 言い伝えによると、舞台から飛び降りて無事だったら、願いが叶うって言われてるよ。
★D: うっそ…どんな言い伝えだよ、それ!?

Episode 06 外国人に大人気の金閣寺を英語で説明！

Kinkakuji can be literally translated as...

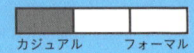

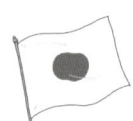

カジュアル　フォーマル

京都といえば、金閣寺。シノが説明して回ります。

🎧 46

★ Kinkakuji can be literally translated as "the Golden Pavilion" in English.

Kinkakuji
↓
The Golden Pavilion

①

Gorgeous! It is one of the World Heritages Sites, isn't it?

②

★ Yup. Better yet, it's actually covered with real gold.

Hehehe...
GOLD GOLD GOLD

③

★ Whoa... the guy who built it must've been a show-off. Haha.

If you put it that way...

④

⭐ Kinkakuji can be literally translated as "the Golden Pavilion" in English.

be literally translated as "～" で「～を直訳すると、文字通り訳すと」といった意味に (literally は「文字通り」)。
例えば、Tokyo can be literally translated as "East City" in Japanese.「東京は日本語で文字通り訳すと「東の京」なんだよ」となる。

⭐ Better yet,

「まだまだ言うと、さらに (言うと)」という言い方。
今言ったことの後に控えていることがあるよと、もったいぶった言い方をする時にぜひ。
例えば、I got a girlfriend! Better yet, she is super cute.「彼女ができたんだぜ！さらになんと、その彼女が超カワイイんだ！」といったシーンにぴったりはまる。

⭐ The guy who built it must've been a show-off.

show-off で「自慢屋、誇示」という意味がある。
細かく説明すると、bragger が自分でベラベラ自慢する自慢屋なのに対して、show-off は人が見つけて声をかけてくるのを待ってくれるような自慢屋だ。

◎漫画を日本語で言ってみると…

★S: 金閣寺は英語で「金の棟」って直訳できるんだよ。
　D: ゴージャスだなぁ！あれって、世界遺産のひとつだよね？
★S: そ。さらにね、あれって本物の金で覆われてるんだよ。
★D: うわ、建てた人って、なかなかの自慢屋だったんだねぇ…はは…

Episode

07 hell が入っても褒め言葉⁉

Japan is one hell of a country.

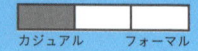

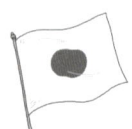

カジュアル／フォーマル

デイビッドが日本で気に入ったものの話をしています。意外かもしれませんが、日本のトイレに驚く外国人は多いのです！

🎧 47

① ★ Japan is one hell of a country. Food is great, clean washrooms are everywhere...

Phew...

② Oh, and I especially love convenience stores.

③ ★ After all we've been through? Anything else that caught your eye?

Hmm?

④ Well... I like many things in Japan except for the jam-packed train.

I agree... That was insane...

⭐ Japan is one hell of a country.

one hell of a ～で、「たいした～だ」という意味になる。例えば、「あいつはたいしたやつだ！」は、He is one hell of a guy! と言えばOK！

⭐ After all we've been through?

「それまでしてきたことや経験してきたことを経て」という意味が込められている。漫画内では「あんなに色んなものを見て経験をしてきて、それ（コンビニ）？」と、驚きを表すために使われている。ちなみに有名なアーティスト Chicago の曲名としても使われている。

⭐ Anything else that caught your eye?

catch one's eye で「（たくさんの中から）あるものに目が留まる、気になる」。お店で服を選んでいると、店員さんから Did anything catch your eye?「何か目に留まるものはありましたか？」と聞かれることも。目が何かを捉えるのではなく、物を主語に何かに目を奪われると表現するところが英語らしい。

◎漫画を日本語で言ってみると…

★D: 日本はすごいところだなぁ。ご飯はおいしいし、どこでもキレイなトイレがあるし…

D: あとさ、特にコンビニが気に入ったね。

★S: あんな色んなところに行ったのに？ 他に目に留まったものは？

D: うーん…日本で好きなものはいっぱいあるけど、満員電車だけは…

10月のおさらい&もっと知りたい！ネイティブフレーズ

Catch up with this month!

- [ ] Looks like you did your homework, huh?
  ちゃんと下調べしてきたんだね？
- [ ] There's no time to waste.
  時間を無駄にできないだろ？
- [ ] Is Akihabara far from here? I'd like to stop by if possible.
  秋葉原はここから遠いのかな？　できればちょっと寄ってみたいな。
- [ ] Sure, why not?　いいよ。
- [ ] The place is pretty famous for Japanese sub-culture.
  日本のサブカルチャーで有名な場所だしね。
- [ ] Yeah, that's what I've heard.　そうそう、そう聞いたよ。
- [ ] That's what I've been thinking. そんなふうに考えてたんだ。
- [ ] That's what I was told.　そう言われたけど。
- [ ] You seem very excited, David.
  すごく楽しそうだね、デイビッド。
- [ ] You can't even imagine.　想像つかないでしょ。
  （漫画での訳は「ホント、どれだけ嬉しいか！」）
- [ ] We should grab some "Eki-ben".
  駅弁を買わなきゃね。

- [ ] You seem very tense.　緊張してるっぽいね。
- [ ] Wow! The view is magnificent!
  わー！ すごい眺めだね！
- [ ] Did you know that the Kyoto tower was made in the image of a lighthouse?
  京都タワーって、灯台をイメージして作られたって知ってた？
- [ ] This temple was made in the image of an old temple in China.
  このお寺は、中国の古いお寺をモチーフに作られました。
- [ ] Now that you mention it...　言われてみれば…
- [ ] The legend says,　言い伝えによると、
- [ ] Damn...,what kind of legend is that!?
  うっそ…どんな言い伝えだよそれ!?
- [ ] Your wish will come true.　願いが叶う。
- [ ] What kind of joke is that!?　何の冗談だよ、それ!?
- [ ] Better yet,　さらに、
- [ ] show-off　自慢屋
- [ ] Japan is one hell of a country.
  日本はすごいところだなぁ。
- [ ] Anything else that caught your eye?
  他に目に留まったものは？

▼11月で学べること

- 英語が喋れない状態でカナダの高校に編入して英語をマスターした著者による英語習得のルール
- ネイティブではない、帰国子女でもない、生まれも育ちも日本の著者だから日本で英語力アップに励む読者に語れること

11
NOVEMBER

著者直伝！英語習得5つのルール

著者直伝！ 英語習得5つのルール

実はQのモデルは著者なんです。

Rule1 自分も周りもジャッジしない
Don't judge others, and yourself.

　英語を勉強する時に周りを気にして「私の方が上手」「あの子の方ができている」など、他人と自分を比べてしまいがちじゃないでしょうか。さらには、「俺はこれができてるからいいや」「私はここがこうダメだ」など、自分自身を**勝手にジャッジしてしまいがち**です。

　こういった思考のクセが習慣化すると、継続的に学習を続ける必要がある英語学習において、かなりのマイナス要因になってしまうので注意した方がいいです。

　勉強してもなかなか英語力が上がらないとついついジャッジしがちになりますが、**語学においては、「わからない・通じないこと」の方が、「わかる・通じること」よりもずっと多い**ので、「わからない・通じないこと」の数を数えてその都度ジャッジしていてはキリがないのです。そんな時間があるのなら、学習の過程で嬉しかったことや、楽しかったこと、達成感などに目を向け、できたことの数を数えるように心がけるべきです。

Rule2 「大人らしく」ではなく「子どもらしく」
Don't ignore your hunch, be articulate.

　カナダで色々な国籍の人と接してきましたが、自分の気持ちを汲み取って言葉にすることが苦手な日本人は多いと思います。「こうかもしれない」といったちょっとした疑問やアイディアは自分の中でも定まっていないので、人に伝えるのがはばかられるかもしれません。「こんな小さなことを聞くと失礼かな」「わざわざ口にするまでもない」と萎縮していると「ちょっとしたことを口に出すことが怖くなる」のです。

　でも、ここで立ち止まって考えてみてください。ものすごいスピードで言語を習得する**子どもは、「ちょっとした疑問」をアウトプットする点では遠慮はまったくない**はず。子どもは、気づきや好き嫌いなどの感情を出し惜しみせずに表現することで表現や言い回しを習得していきます。子どもが「あ、自分でもよくわからないんで、やっぱり大丈夫です…」と遠慮するシーンなんて想像できないですよね。

　自分の中の「小さな声」をちゃんと言葉にするクセをつけることで自分の気持ちを表現することに抵抗がなくなり、英語力は伸びます。完ぺきな文でなくても、カッコイイ言葉を知らなくても大丈夫。「子どもらしく」なることで、英語は意外とかんたんに伝わることに気づいていただけると思います。

Rule3 ノートを取るヒマがあれば話す

Less notes, more talk.

　個人的には英語学習にノートは必要ないと思っています。ゼロからペラペラの状態にもっていった私自身の経験をふまえて言えることです。

　私が英語を勉強する時に「ノートを取るのが嫌いな理由」は２つ。ひとつは、**ノートを取ったことで「覚えた気になる」**からです。びっちりキレイにノートを取れば、書き終えたことに対しての達成感は確かに高いですが、後で見返す機会はあまりないし、見た目の達成度とは比例せず、悲しいことに頭にも入っていない…。

　瞬発力を要する言語能力を身につけるうえでは、**文字よりも音にこだわって繰り返し練習を積んだ方が定着しやすい**です。声の情報は、気に入ってつい口ずさんでしまう歌のワンフレーズみたいに頭にこびりつきやすいんです。

　言葉って書き写して覚える静的なものでなく、即興で相手ありきで成り立っているもの。相手の表情や発言次第でこちらのリアクションも変わってくるし、型にはまったノートの書き取りじゃとても対応しきれないです。

もうひとつの理由は、単純に**ノートを取る時間がもったいない**から。ノートに I like living in Vancouver because it is such a beautiful city. の1文を書き切る間に、口頭でのコミュニケーションなら、おそらくもう3センテンスくらいは言葉を繰り出せているはず。

　単純に英語を使った数が多い方が経験値が上がり、習熟度が上がっていくと考えると、特に英語でコミュニケーションをとれる相手がいる場合は、ノートを取るくらいなら、1単語でも1文でも多く相手に投げかけた方がいいです。

　たとえ、海外に住んでいなくてアウトプットの機会がなかなかとれないとしても、悲観せずに、英会話学校で、オンライン授業で、どんどん英語を声に出していきましょう！（独り言でもOK！）

Rule4　1週間で話せるわけがないので焦らない

Don't rush, nothing is overnight.

　こう言い切ってしまうと落胆してしまう方も多いかもしれませんが、事実なので断言します。脳みそは、記憶を定着させるために一定の時間が必要です。雑学レベルではなく、ちゃんと自分の気持ちや考えを相手に伝えるための媒介として英語を使いこなせるようになるためには、相応の時間が絶対にかかります。

　日本の書店には「1週間で話せる～」や、「1日15分、これさえ覚えれば～」といった類の書籍が並んでいて驚きます。大人になると効率を重視するクセがついているので、できるだけムダを省き、お手軽になったものに目がいってしまうのは理解できなくもないのですが…。

　私自身の学習経験や周りの学習者を見てきたうえで一言言わせていただくと「**英語はそんなに甘くない**」。この一言に尽きます。仮に、英語がそんなにお手軽なら、勤勉な日本人なら誰でも今頃英語がペラペラですので、焦らずいきましょう。

Rule5 ストレスにならない工夫を

Always remember to make it fun.

　私は、**英語学習の大敵は、「不必要なストレス」**だと思っています。前述した通り、子どもの習得スピードは、大人の比にならないほど早く、極端に言えば、子どもは「自分が嫌なこと、気に入らないことはとことんやらない」ですよね。

　私も英語はそのスタンスでいけばいいと思っています。不必要なストレスは極力取り除いて、好きなことをベースに英語力を上げましょう。

　例えば、「英語を勉強するために洋楽を聞く」という人は多いですが、それを義務化してしまうと一気にストレスになってしまいます。

　同じ「洋楽を聞く」でも少しアプローチの仕方を変えて、「このアーティストが心底好きだけど、彼が英語で言っていることがわからないから、ちょっと解読してみよう」といった感覚で取り組むと、同じ英語の曲を聞き歌詞を理解するのでも、負荷がかからず楽しめます。

Qのつぶやき Coffee Break ④

習うより慣れろ!? 時間の言い回し

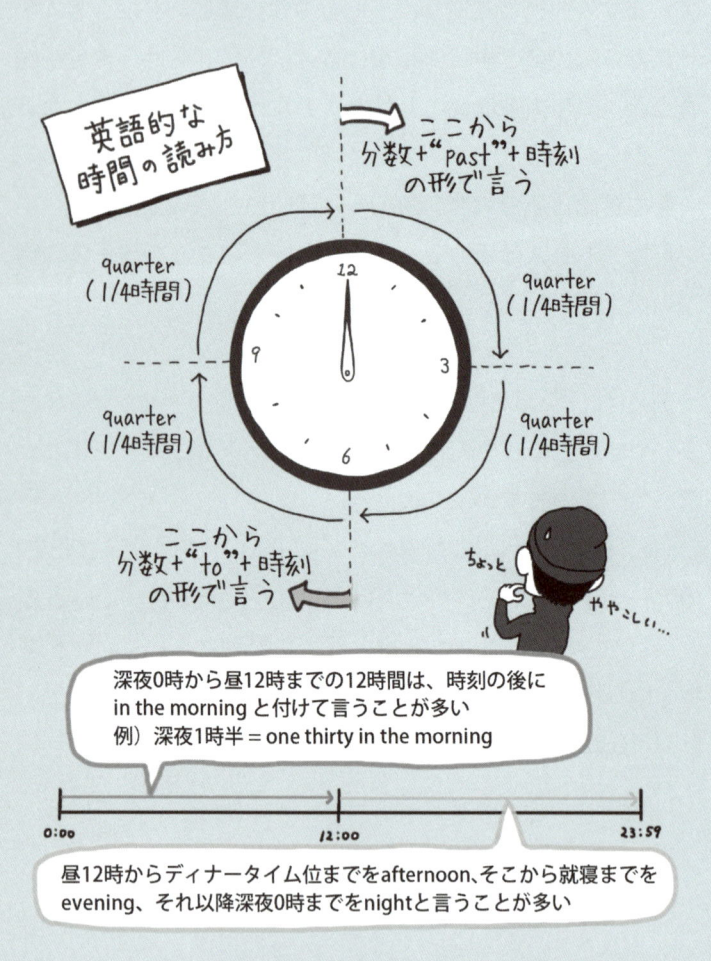

英語的な時間の読み方

ここから
分数+"past"+時刻
の形で言う

quarter
(1/4時間)

quarter
(1/4時間)

quarter
(1/4時間)

quarter
(1/4時間)

ここから
分数+"to"+時刻
の形で言う

ちょっとややこしい…

深夜0時から昼12時までの12時間は、時刻の後にin the morning と付けて言うことが多い
例）深夜1時半 = one thirty in the morning

0:00　　　　　12:00　　　　　23:59

昼12時からディナータイム位までをafternoon、そこから就寝までをevening、それ以降深夜0時までをnightと言うことが多い

日本語とは違って特殊な読み方をするよ！

15分 = **quarter**
30分 = **half an hour**
90分 = **an hour and a half**

It's quarter to seven!

練習してみよう！

2:50 = **ten to three**
→「3時まで10分」だから

1:15 = **quarter past one**
→「1時から1/4時間が過ぎた」から

2:30 = **two thirty**
→日本語で言う「2時半」

10:10 = **ten past ten**
→「10時から10分過ぎた」から

7:45 = **quarter to eight**
→「8時まであと1/4時間」だから

▼12月で学べること

- 一大イベント！クリスマスの文化とボキャブラリー
- Are you ready? 海外ならではのポットラックパーティの慣習
- 意見を言い合う、議論する言い回し

12
DECEMBER

Happy Holidays!

Episode
01 たったの2語でネイティブ級!
I'm in!

カジュアル　フォーマル

今年もクリスマスの季節になりました！
プレゼントのショッピングにラッピング、
カードを送り、パーティで盛り上がる…
1年で一番のメインイベントです。

🎧48

① How will you spend your holidays this year, Q?

② ★ Haven't given it much thought yet. How about you two?
Right right...

③ ★ We were thinking, it'd be awesome if we could throw a Christmas potluck party or something.

④ ★ Dude, I'm in! Now, who should we invite?
Good idea!

⭐ Haven't given it much thought yet.

given it much thought は、「考えをやる、頭をそっちの方向に向ける」というニュアンスで使われている。thought(s) は think の過去・過去分詞形だが、「思考、考え」という意味の名詞としても使われる。似た言い方で Haven't put much thought on it. という言い回しもある。

⭐ It'd be awesome if we could throw a Christmas potluck party or something.

パーティを開催する時の動詞は have や hold と習うことが多いが、日常会話では throw a party や throw an event など throw もよく使われる。or something「〜か何か」はぼかす時に多用される。
同じ仲間で言えば、like「〜的な」、ish「〜くらい」、kind of「だいたいそんな感じ」。使いすぎると若者っぽく聞こえる。

⭐ I'm in!

シンプルなフレーズだけど、「参加する！」意思表明はこれだけでしっかりできる。詳しく言うと、「既に何か輪があり、そこに自分も入る」という意味。
近い言い方に Count me in. がある。これは文字通り「自分も数に入れて」というフレーズだ。

◎漫画を日本語で言ってみると…

S: 今年のホリデーはどうするの、Q?
★Q: あんまりちゃんと考えてなかったなぁ…2人はどうすんの?
★D: 俺らはさ、クリスマスポットラックパーティかなんかができればいいなって思ってたんだけど。
★Q: おぉ、それ乗った! さて、誰を呼ぼっか?

Episode

02 色んな単語につける -ish とは？
Maybe, $20-ish?

カジュアル　フォーマル

パーティのアイディアを出し合います。2コマ目のデイビッドの手の動きに注目！これは、欧米では「お金」を意味します。

🎧 49

①
It would be fun if we did a gift exchange, too!

②
★ Right.
What is the budget you are looking at?

③
★ Maybe, $20-ish? How do we decide who to exchange gifts with?

Hmm...

④
★ Let's do it fair and square, by drawing.

Fair & Square!

⭐ What is the budget you are looking at?

予算の話をする時に必ずといっていいほど聞かれる一言がこれ！買い物中に店員さんから、What's your budget? と聞かれることもある。you are looking at の部分は、日本語にすると「(どれくらいの予算で)見てる？見積もってる？」というニュアンスだ。

⭐ Maybe, $20-ish?

「〜くらい」とぼかした言い方をする時に多用する -ish。お金だけではなく、時間や年齢などに対しても使える。例えば A: What time will you get here?「何時に着くの？」B: I don't know, maybe 9-ish?「わからないけど、多分9時くらい？」など。

⭐ Let's do it fair and square.

square は「正方形」だが、4つの辺がどれも平等に同じ長さであることから、fair and square は「正々堂々、平等に」という意味になる。ゲームや勝負事の時に使ってみよう！

◎漫画を日本語で言ってみると…

S: プレゼント交換もできたらおもしろいよね!
★D: 確かに。予算とか、どれくらいを考えてる？
★S: たぶん、だいたい20ドルくらいかな？誰と交換するかはどうやって決める？
★Q: ここはみんな平等に、くじ引きっしょ。

Episode

03 パーティ中にテンションアップ！

Let's get this party started!

カジュアル　フォーマル

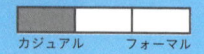

ポットラックパーティ当日、みんなが色んなものを持ち寄ります。

🎧 50

① Thanks for inviting us over! Here's some wine for you!

② ★ Oh, you didn't have to! Now, come on in and make yourself comfortable.

③ Shino! Did you make this chicken? This is de-lish!

④ ★ Alright, everyone. Let's get this party started!

12　DECEMBER　Happy Holidays!

⭐ You didn't have to!

「悪いよ！そんなのいいのに！」と、何かをしてもらった時に切り返す時の決まり文句。「そんなの期待してないのに、悪いね」という礼儀（時に社交辞令?）としての一言だ。例えば、
A: I brought you a gift!「贈り物だよ！」
B: Aww, you didn't have to!「えぇ、よかったのに！」

⭐ Come on in and make yourself comfortable.

部屋に人を招き入れる時の決まり文句で「くつろいでね」という意味。
Make yourself at home. と似ているが、こちらは「家にいるみたいにくつろいでね」と文字通り解釈するより「気を使わず楽にしてね」くらいの意味で捉えておこう。

⭐ Let's get this party started!

パーティ系ソングの歌詞などにもよく出てくる、お決まりの一言。
必ずしもパーティの時だけというわけではなく、「いくぞ、みんな！」というような、テンションの高い掛け声としても使われる。

◎漫画を日本語で言ってみると…

A: 呼んでくれてありがとう! これ、ワインだよ!
★S: わ、いいのに! さ、入って、くつろいでね。
Q: シノ、このチキン作ったの? めっちゃウマ!
★D: それじゃ、みんないいかな。パーティスタートだ!

Episode
04 語気が強めの定番ワード
How dare you, man!?

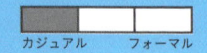

カジュアル　フォーマル

サンタはいる？ いない？ みんな色々意見があるようです。

🎧 51

①　★ Speaking of Christmas, do you guys believe in Santa?

②　★ Santa? Unfortunately, no. I mean, who does at our age?

③　★ What the... How dare you, man!? He is real for sure!

④　Whoa, whoa, Q. What's the deal? Everybody has their own opinions, right?

12　DECEMBER　Happy Holidays!

⭐ Speaking of Christmas, do you guys believe in Santa?

believe in 〜で「〜を信じる」という意味に。
例えば、Do you believe in ghost? は「お化け（の存在）を信じる？」という意味に。
Speaking of Christmas は Speaking of which「そういえば」の応用版で、「クリスマスといえば」という意味だ。

⭐ I mean, who does at our age?

「この歳で誰がそんなこと信じるんだよ？」とシノのセリフに対して切り返している。
I mean は直訳すると「私は意味する」だが、実際には会話で「えっと、あのさ、つまり」くらいの意味でかなり使われる。

⭐ How dare you, man!?

dare には「大胆に言い切る」という意味がある。
How dare you! にすると、「なんてこと言うんだ！」という意味で、相手に反対されたり、裏切られたりしたような時に放つ言葉に。他に、Do it, I dare you.「やってみろよ、できるもんならな」というフレーズも。

◎漫画を日本語で言ってみると…

★S: クリスマスといえば、サンタって信じる？
★D: サンタ？ 残念だけど、信じてないね。ていうか、僕らの年代で信じてる人なんているのかな？
★Q: なっ…なんちゅーことを! サンタはホンマに居るよ!
　S: どうどう、Q。何事なの？ みんなそれぞれ意見があるでしょ？

Episode
05 「徹夜」は 1 語で言えちゃう！
I did an all-nighter,

カジュアル　フォーマル

デイビッドのサンタにまつわる悲しい（？）過去が明らかに…伝統的にツリーの下に置くものは？日本にはない文化です。

🎧 52

① ★ However, I used to wait for Santa to come all night as a kid.

Hmm?

② Traditionally, we prepare a glass of milk and cookies for him under the tree.

Child David

③ ★ OK... then how come you no longer believe in Santa?

Why?

④ ★ Since I did an all-nighter, I had to witness my dad disguised as Santa.

Hehehe...

⭐ **I used to wait for Santa to come all night as a kid.**

used to ~で「~したものだ」は定番だが、混乱しやすい似た言い方で I'm used to it.「もう慣れたよ」があるので注意。as a kid で、「小さい時に」という意味に。

⭐ **How come you no longer believe in Santa?**

How come は why と同じ意味を持つ言い方だが、How come の後は疑問形の語順になっていないことに注目！
no longer ~で「もうこれ以上しない」という意味になる。例えば You no longer work here.「もうここでは働いてないじゃないか」という意味になる。

⭐ **Since I did an all-nighter,**

all-nighter は読んで字のごとく「徹夜」。
他に、I stayed up all night. などの言い回しができるが、all-nighter の方が口語的だ。

◎漫画を日本語で言ってみると…
★D: でも、小さい時は一晩中サンタが来るのを待ってたなぁ。
　D: 伝統的に、ツリーの下に、ミルク1杯とクッキーを用意するんだ。
★Q: そっか…ほんなら何でもうサンタを信じてないの?
★D: 徹夜しちゃったもんだから、父さんがサンタに扮してるところを見るはめになったんだ…

Episode

06 驚きと感動をこのフレーズで！

How did you know!?

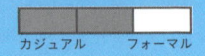

パーティの片付けをしながら、デイビッドがシノにプレゼントを渡します。パーフェクトな彼氏ですね。

🎧 53

1. Here, this is for you, Shino. Merry Christmas.

2. ★ What!?
This necklace...
How did you know!?

3. ★ I ran into your friend the other day, so I asked her. Hope you like it.

4. Oh, David! That's so sweet of you, I love you so much!

Oh David!

12　DECEMBER　Happy Holidays!

⭐ How did you know!?

直訳すると「どうやってそれを知ったの！」ということだが、プレゼントなどをもらった時の決まり文句。要は「私がこれをほしがってるって、どうしてわかったの!?」という驚きや感動の意味が込められている。
ただし、ほしい物をもらえなかったとしても、ジョーク / 皮肉として言う場合もある。

⭐ I ran into your friend the other day.

run into 〜で「〜と鉢合わせる」という言い回しで、人だけでなく、状況や場面などにも使える。
例えば、I ran into the car accident just across the street!「すぐそこの道を渡ったところで車の事故に出くわしたんだよ！」。

スイートな雰囲気のかわいいカップルな2人☆
ちなみに北米のクリスマスはカップル同士ではなく、主に家族で過ごす大切な日になります。

◎漫画を日本語で言ってみると…

　D: ほら、これシノにだよ。メリークリスマス。
★S: え、何? このネックレス…なんでわかったの!?
★D: この間君の友達に会ったから、聞いたんだよ。気に入ってくれるといいなぁ。
　S: デイビッド、素敵! 大好き!

12月のおさらい&もっと知りたい！ネイティブフレーズ

Catch up with this month!

- [ ] How will you spend your holidays this year, Q?
  今年のホリデーはどうするの、Q？
- [ ] Haven't given it much thought yet.
  あんまりちゃんと考えてなかったなぁ。
- [ ] It'd be awesome if we could throw a Christmas potluck party or something.
  クリスマスポットラックパーティかなんかができればいいなって思ってたんだけど。
- [ ] throw a party　パーティを開く
- [ ] throw an event　イベントを開く
- [ ] or something　〜か何か
- [ ] I'm in! = Count me in. それ乗った！（参加する意思を表す）
- [ ] What is the budget you are looking at?
  予算とか、どれくらいを考えてる？
- [ ] Maybe, $20-ish?　たぶん、だいたい20ドルくらいかな？
- [ ] Let's do it fair and square.　平等にしよう。
- [ ] Thanks for inviting us over!　呼んでくれてありがとう！
- [ ] Here's some wine for you!　これ、ワインだよ！

12　DECEMBER　Happy Holidays!

☐ Oh, you didn't have to!
わ、いいのに！（そうする必要はなかったのに）

☐ Now, come on in and make yourself comfortable.
さ、入って、くつろいでね。

☐ Let's get this party started!　パーティスタートだ！

☐ Speaking of Christmas, do you guys believe in Santa?
クリスマスといえば、サンタって信じる？

☐ What's the deal?　何事なの？

☐ Speaking of which,　そういえば、

☐ How come you no longer believe in Santa?
何でもうサンタを信じてないの？

☐ I did an all-nighter.　徹夜したんだ。

☐ Here, this is for you, Shino. Merry Christmas.
ほら、これシノにだよ。メリークリスマス。

☐ How did you know!?　なんでわかったの!?

☐ I ran into your friend the other day.
この間君の友達に会ったんだ。

▼1月で学べること

- 新年の目標を言い合う
- お雑煮、お年玉など日本特有のお正月文化を英語で説明できるように

日本と北米のお正月

1
JANUARY

Episode
01 「ちんたらしないで」を英語で！
We don't have all day.

カジュアル　　フォーマル

いい年願って3人でバンクーバーの元旦イベント Polar Bear Swim に参加してみた！仮装して老若男女真冬の海に飛び込むというクレイジーなイベントです。 🎧 54

① ★ OH MY GOD!!! It's freezing cold!!!

② Why the hell did I ever agree to join this year?

Ohhhhhh!!! It's f**kin' coooold!!!

③ ★ You can't take it back now. You jumped on the free coffee, remember?

④ ★ C'mon, we don't have all day. Let's go!!!

Go! Go! Go!

⭐ It's freezing cold!!!

freezing は文字通り「凍る、凍える」という意味だが、cold にくっつけて使うと、冷たさや寒さが強調されて「凍えるように寒い、冷たい」という言い方になる。
前述した crazy good などの強調の crazy に近い用法。なので It is just crazy cold!「とんでもなく冷たい！」とも言える。逆に、燃えるようにあつい場合は burning hot!

⭐ You can't take it back now.

英文のトーンを活かして訳すと、「言い直しはナシね、今さら引き返せないよ」という意味に。
何かを決意した時や言い切った時に、よく聞く一言なので、丸ごと覚えてしまおう。例えば A: I bet 1k(=$1,000) on you beating me on poker. B: You can't take it back now.

⭐ We don't have all day.

文字通りに訳すと「1日まるまる時間があるわけじゃない」だが、実際は、「ちんたらしてられない、日が暮れてしまう」という意味で使われるナチュラルな言い回し。

◎漫画を日本語で言ってみると…

★S, D&Q: うぉぉぉぉぉ!!! めっちゃ寒い!!!
　Q: 何で今年は参加するって言ったんだろうか…
★D: 撤回はナシだよ。コーヒー無料に飛びついたんじゃないか。
★S: はい、ちんたらしてるヒマはないから、行くよ!!

Episode

02 海外ドラマでよく耳にする！
Dude, spit it out!

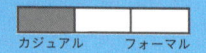

カジュアル　フォーマル

Polar Bear Swim が終わり、体を温めながら今年の目標について話をする3人。ちなみに参加すると無料でコーヒーがもらえるみたい。

🎧 55

① Say, what's your New Year's resolution this year?
After the swimming

② ★ Honestly, I haven't thought it through yet. You?
Hmm...

③ ★ Umm... I kind of have one but will keep it secret for now.

④ ★ Curiouser and curiouser. Dude, spit it out!
Booo!
He he

1 JANUARY 日本と北米のお正月

⭐ I haven't thought it through yet. You?

through は「突き抜ける」イメージで捉えよう。さっき出てきた thought が throuth していない、つまり「考え切っていない」状態を表す。考えが煮詰まっていない時に使ってみよう！ You didn't think it through, did you?「あんまりよく考えていなかったんだよね？」など。

⭐ I will keep it secret for now.

keep it 〜で「〜の状態に保つ」という意味がある。例えば、Keep it clean!「キレイにして！」、Let's keep it simple.「シンプルなままでいこう、簡単に言うと」など色々と使える。for now は「今のところは」という意味でよく使うのでチェック！

⭐ Dude, spit it out!

spit out は文字通り「吐き出す、吹き出す」という意味だ。刑事ドラマで刑事が犯人に向かって、「吐け（白白しろ）！」と言うが、そのセリフに該当するのがこの一言！

◎漫画を日本語で言ってみると…

Q: ところで、今年の目標は何なん？
★S: 正直、まだあんまりちゃんと考えてないんだよね。あなたは？
★D: うーんと、一応あるんだけど、今のところは秘密にしとくよ。
★Q: えー気になるやん！ 言ってみろよ！

Episode 03 「スティックのり」で覚えよう

I'm going to stick with it!

カジュアル　フォーマル

Qが1人で今年の目標を考えています…
新年の目標は New Year's resolution です。年末年始のスモールトークで新年の目標が話題によくあがるのは万国共通。🎧56

① What should I set as my New Year's resolution...?
Let's see...

② I gave up easily last year so I should make it easy...
Perfect Girl for me!

③ ★ Read more books... is it too vague? I can't make up my mind...

④ ★ Ahh, what the heck! Read more books! I'm going to stick with it!

⭐ I can't make up my mind...

「自分の気持ちを組み立ててかためることができない」、つまり「決められない」時に使う一言。
A: This one is good but also this one is nice...「これもいいな、でもこっちもいいな…」B: Ahhh! Make up your mind already!「あああもう！決めてよ！」といった具合で会話で頻出。

⭐ I'm going to stick with it!

stick は「スティックのり」の stick「くっつく」（なのであれは「棒」という意味と「くっつく」という意味をかけた商品名になっている）から連想すれば覚えやすい。
stick with it は「それを貫き通す」という意味になり、ここでは、「元々の意見を曲げないでおく」というニュアンスで使われている。

make upには他にも、
「埋め合わせをする」と
いう意味もあるよ！

◎漫画を日本語で言ってみると…

Q: 新年の目標、何にすべきかなぁ…？
Q: 去年のやつは守れへんかったから、簡単にしななぁ…
★Q: 本をたくさん読む! って、曖昧すぎるかな？ 決められない…
★Q: あああ、もうええわ。本をたくさん読む! やっぱこれでいこう！

Episode

04 言葉に詰まった時の救世主!?
How should I put it...

カジュアル／フォーマル

お正月なので、シノがお雑煮を作っています。欧米の人にとっては日本のお正月は特殊なもの。説明できるようにしておきましょう！

🎧 57

1. Hmm...Smells good... What are you making, Shino?

2. ★ Hehe, this is "Ozoni", a Japanese traditional soup eaten during New Year's.

3. ★ It has rice cakes in it! So, is it different from... "Osechi"?

4. ★ How should I put it... they are related, I guess?

⭐ This is "Ozoni", a Japanese traditional soup eaten during New Year's.

日本の説明をする時によく使われるフレーズなので丸ごと覚えてしまおう。
OzoniやOsechiなどは日本特有のものなので、英語を話す時もそのまま表現することが多い。

⭐ Is it different from "Osechi"?

このように2つを比べたり違いを指摘したりする一言は、文化を比較する際に、とっさに出るようにチェックしておくとよい。
例えば、Japanese Kanji is a little different from Chinese ones.「日本の漢字は、中国のものと少し違う」など。

⭐ How should I put it...

この場合、putには「言葉を落ち着ける」、要は「何て言ったらいいかな」というニュアンスが込められている。言葉につまった時にHow do I say…と言う人もいるが、これだと「どう言ったらいいかな」と"わかっていない"ニュアンスが強い。putの方が適切な言い方を選べずに迷っているニュアンスを伝えられる。

◎漫画を日本語で言ってみると…

D: あぁ、いいにおい。何作ってるの、シノ?
★S: へへ、これはね、「お雑煮」っていって、お正月に食べる日本の伝統的なスープだよ。
★D: お餅が入ってる!「おせち」とは違うの?
★S: なんて言ったらいいんだろう…親戚みたいなもんかな。

Episode
05 お年玉は何て説明する？

Kids over there must be loaded right now.

日本のお正月と北米のクリスマスをあらためて比べてみます。共通点は多いけど、お年玉は日本特有ですね！

🎧 58

① So again, Japanese New Year is really like Christmas over here, huh?

② ★ They actually have a lot in common. It's a family event, we prepare a special meal...

Family time
Special Food
Holiday...

③ Oh, and "Otoshidama"! It's a Japanese new year tradition to give money to children.

④ ★ Wow, so kids over there must be loaded right now.

1　JANUARY　日本と北米のお正月

⭐ **They actually have a lot in common.**

in common は「共通項がある」という意味。similar や close とすると、「似ている、近い」になるが、a lot in common だと「共通点が多い」と明確に言える。例えば男女が話していて、Oh my god! We actually have a lot in common!「すごい！ 共通点がいっぱいじゃん！」などと言って距離が近づくのはドラマなどでもよく聞くところ。

⭐ **Kids over there must be loaded right now.**

loaded は「懐が潤っている」状態を表す表現で、超口語的な表現。
ちなみに、road「道」・lord「神様、キリスト」・load「積む」は日本人にとっては発音仕分けづらいので、実際に声に出して練習しよう！

中国系移民の多いバンクーバーでは、Chinese New Year の時期に盛大なイベントやお祝いが催されます！

◎漫画を日本語で言ってみると…

D: じゃあ、やっぱり、日本のお正月ってこっちのクリスマスみたいなんだね。
★S: 確かに共通点が多いね。家族行事だし、特別な料理を作ったり…
S: あと、お年玉とか! お正月に子どもにお金をあげる習慣があるんだ。
★D: おぉ、じゃあ、今そっちの子どもたちはお金持ちなんだね。

Episode
06 喧嘩や冗談を言い合う時に！
Give me a break.

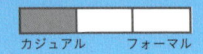

カジュアル　フォーマル

シノもようやく、今年の目標を決めたようです。2コマ目の Good for you! はよく聞くリアクションです。

🎧 59

①
Now I know my New Year's resolution! I will learn how to cook better!
I can do it!

②
★ Good for you! Hope you can keep it up! Hehe.

③
★ I know I can. C'mon! Between you and me, let's hear yours.

④
★ Give me a break. Don't worry, you'll know eventually.

1 JANUARY　日本と北米のお正月

⭐ Hope you can keep it up!

この場合の up は「調子が上向く」というイメージで捉えて。つまり「その調子！」といった感情を込めて使おう。
元々は I hope の I が省略されて Hope ＋ S ＋ V. になっている。日常会話でかなり使われるので、この機会にマスターしよう。

⭐ Between you and me, let's hear yours.

between you and me は文字通りに訳すと「私とあなたの間のことだ」という意味。つまり「ここだけの話だよ」と言いたい時にぴったりのフレーズだ。

⭐ Give me a break.

「勘弁してよ」という意味の決まり文句で、海外ドラマの喧嘩のシーンなどでも定番のフレーズ！（喧嘩している時以外でも使える）
他の形で言うことはほとんどないので、まるまる覚えてしまおう。

◎漫画を日本語で言ってみると…

S: やっと新年の目標決めた! もっと上手に料理ができるようにする!

★D: いいじゃん! 続くといいね〜ひひひ。

★S: できるよ。ほら、ここだけの話、デイビッドのは?

★D: 勘弁してよ。気にしなくても、じきにわかるよ。

1月のおさらい＆もっと知りたい！ネイティブフレーズ

Catch up with this month!

☐ It's freezing cold!!!　めっちゃ寒い!!!

☐ Why the hell did I ever agree to join this year?
　何で今年は参加するって言ったんだろうか…

☐ You can't take it back now.　撤回はナシだよ。

☐ C'mon, we don't have all day.
　はい、ちんたらしてるヒマはないよ。

☐ What's your New Year's resolution this year?
　今年の目標は何？

☐ Honestly, I haven't thought it through yet. You?
　正直、まだあんまりちゃんと考えてないんだよね。あなたは？

☐ I kind of have one but will keep it secret for now.
　一応あるんだけど、今のところは秘密にしとくよ。

☐ Curiouser and curiouser.　えー気になる！

☐ Dude, spit it out!　言ってみてよ！

☐ What should I set as my New Year's resolution...?
　新年の目標、何にすべきかなぁ…？

☐ I can't make up my mind...　決められない…

1 JANUARY 日本と北米のお正月

☐ Ahh, what the heck! Read more books! I'm going to stick with it!
あああ、もうええわ。本をたくさん読む！やっぱこれでいこう！

☐ This is "Ozoni", a Japanese traditional soup eaten during New Year's.
これはね、「お雑煮」って言って、お正月に食べる日本の伝統的なスープだよ。

☐ How should I put it...　なんて言ったらいいんだろう…

☐ They are related, I guess?　親戚みたいなもんかな。

☐ It's a Japanese new year tradition to give money to children.
（日本では）お正月に子どもにお金をあげる習慣があるんだ。

☐ Wow, so kids over there must be loaded right now.
おぉ、じゃあ、今そっちの子どもたちはお金持ちなんだね。

☐ Hope you can keep it up!　続くといいね！

☐ Between you and me, let's hear yours.
ほら、ここだけの話、あなたのも聞こう。

☐ Give me a break.　勘弁してよ。

Qのつぶやき Coffee Break ⑤

「間違いアレルギー」に注意！

　日本人には、「間違いアレルギー」の人が多い気がします。日本の義務教育では100点満点を取れた子が賞賛され、それ以外の子は減点方式で評価されていくことも関係しているのかもしれません。ちなみに、カナダの高校在学時に肌で感じましたが、こちらの学校では10点の子も、50点の子も、先生が個人個人を見て進んだ分だけ褒めてもらえます！

「間違いアレルギー」になると、「習った"正解の形"で英語を表現しないと不安→相手に失礼／なめられるかも…」といった公式ができあがり、必要以上に文法や語彙にこだわってしまい、自由に発言できない悪循環に陥ってしまいます。

　こういう人は「正解以外は全部間違い」と考えていると思います。でも、言語というのは本来もっと柔軟です。例えば、私がカフェでCoffee, black, and small. Please.（文型は整っていないが、欲しいものを得るための単語は発信できている）と頼んだとしましょう。出てくるのは、おそらくブラックコーヒーの小です。

では、同じ店員さんに I'd like to have a cup of black coffee, small. と頼んだとしたらどうでしょう。出てくるのは変わらずブラックコーヒーの小でしょう。

　この時、後者の文は文法がパーフェクトなので、このように言えれば完ぺきであることは間違いありません。後者のようにスラスラとオーダーできたら言うことなしですね。
　でも、こういった完ぺきなフレーズで話そうとしようとするあまり、ひと単語でも間違えてはいけない！ と変に身構えて coffee という一番重要な単語すら出てこないなら本末転倒です。

　実際はブラックコーヒー小が出てくるんだから両方とも正解です。つまり、英語に限らず会話というのは、**正解の形が柔軟で、数学の方程式の答えのように解がひとつということはない、「間違い以外は全部正解」**ということなのです。

　前述した通り、こちらの教育スタイルでは、間違っても褒めてくれることも多いです。このことを頭の片隅に置いて英語に向き合えば、「間違いアレルギー」から抜け出せるのではないでしょうか。

▼2月で学べること

- バレンタインは男性が女性をおもてなし。
  日本とは違う北米のバレンタイン文化
- バレンタインにふさわしい！
  恋愛英語のボキャブラリー

2 FEBRUARY
予想外のバレンタイン!?

Episode

01 big time って一体何だ？

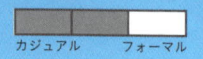

We were still fighting big time!

カジュアル　　　フォーマル

今日はバレンタインの日。デイビッドとシノは食事に来ました。欧米ではバレンタインは恋人のための日。男性が女性をもてなします。

🎧 60

★ Remember? Around this time last year, we were still fighting big time!

★ Hahaha, that brings me back. You thought I was cheating on you with my sis!

I still feel bad about that. I jumped to conclusions too quickly.

SORRY...

★ Then, in the meantime, we went long-distance for a year, didn't we?

HA HA HA

⭐ Around this time last year, we were still fighting big time!

big time は直訳すると「大きい時間」となるが実際は「大きいスケールで」という意味で会話によく出てくるので覚えておこう。例えば、I played black jack at casino and won big time!「カジノでブラックジャックをして、大勝ちしたぜ!」といった感じ。

⭐ That brings me back.

直訳しづらい英語だが、「大きな時間の流れのある一点のところに引き戻される」、つまり「懐かしい、思い出すなぁ」くらいの意味で使われる。
同じような意味を持つフレーズとして、I miss 〜があるが、bring の方もレパートリーに加えられたら他の学習者と差がつくはず!

⭐ In the meantime, we went long-distance for a year, didn't we?

in the meantime は「そのうち、そうこうしてたら」という決まりフレーズなのでこのまま覚えておこう。
long-distance は読んで字のごとく「遠距離」。「遠距離恋愛」は正確に言えば long distance relationship だが、実際は短く long-distance と言ってしまうことがほとんど。

◎漫画を日本語で言ってみると…
★S: 覚えてる? 去年の今頃、すっごい喧嘩中だったよね!
★D: はははは、懐かしいなぁ。俺の姉さんと浮気してるって思ったんだよね!
　S: まだ申し訳なく思ってるよ。早とちりしすぎちゃったよ。
★D: そうこうしてたら、1年も遠距離になっちゃったんだよね。

Episode

02 「銃で撃つ」ではありません！

I took a shot anyway.

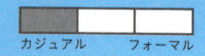

カジュアル　フォーマル

そう、このレストランは、実はデイビッドがシノに告白したレストランでした。ロマンチック!!

🎧 61

①By the way, this is where you asked me to be your girlfriend. How romantic!
I still remember

②★ Yeah, I wasn't really confident back then but I took a shot anyway.
Embarrassing a little...

③★ Really? Couldn't really tell! You were pretty cool back then.
Hmm...

④... and, I'm taking another shot now...

⭐ I wasn't really confident back then.

confident は「自信がある」という意味。
back then は「あの時」という意味でよく日常会話に出てくるが、日本の学校などではあまり習わないフレーズなので盲点かもしれない。

⭐ I took a shot anyway.

この場合の take a shot は、「銃で撃った」と言いたいのではなく、「当たるか当たらないかわからないがとりあえず撃ってみる」という意味で、「試してみる、トライしてみる」という訳になる。Let's take a shot.「ちょっと試してみよう」など日常会話でよく出てくる言い方なので、要チェック！

⭐ Couldn't really tell!

意味は「全然わからなかった！」。tell にはたくさんの意味があるが、この場合は「（変化に気づいて）言葉で伝えられる」という意味で使われている。よく使う言い方としては、I can definitely tell.「バッチリわかるよ」、Can't really tell the difference.「全然違いがわからないな」など。

◎漫画を日本語で言ってみると…

S: ところで、ここ、告白されたレストランだよね。ロマンチックじゃん！
★D: あの時は自信がなかったけど、試してみたんだよ。
★S: ホントに？ 全然わからなかった。あの時かっこよかったけどなぁ。
D: …それで、もう1回ここで試してみるんだよ…

Episode
03 信じられない状況で…
You can't be serious...

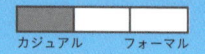

カジュアル　フォーマル

神妙な顔つきのデイビッドが取った行動とは、まさかの…。3コマ目のポーズ、大げさに見えるかもしれないけれど、欧米ではひざまずくのは定番なんです！ 🎧62

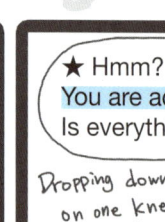

① ★ Shino, there's something I need to ask you. Here. Again.

② ★ Hmm? You are acting strange... Is everything OK?

Dropping down on one knee...

③

④ ★ Oh my god, you can't be serious, it can't be happening...!?

PANIC!

⭐ There's something I need to ask you.

askには「質問する」だけでなく「お願いする」という意味がある。
したがって、この一言は「君にお願いしたい、聞きたいことがある」といった意味になる。
プロポーズを始める時の決まり文句！

⭐ You are acting strange...

act strange で「様子が変だ」という意味。
You are acting weird. でも似たような意味になる。
近い意味のフレーズとして「君らしくない」と言いたい時は、You are not yourself. や、You are acting different from usual. と言えば OK！

⭐ You can't be serious, it can't be happening...!?

You can't be serious.「本気で言っているはずがない」、it can't be happening「現実なはずがない」と、信じられない気持ちを強調する一言。ネガティブな場合も使える。例えば A: I lost my wallet.「財布なくした」B: You can't be serious!「マジかよ！」A: It can't be happening, I had $800 in that wallet.「マジか、財布に 800 ドルも入ってたのに」。

◎漫画を日本語で言ってみると…

★D: シノ、聞かなきゃならないことがあるんだ。今、ここで。また。
★S: ん、何か様子が変じゃない？ 大丈夫？
★S: え、うそでしょ、ホントに!?

Episode

04 応用できる超便利フレーズ

There's no way...

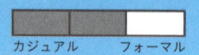

カジュアル　フォーマル

デイビッド、正々堂々のプロポーズです！
映画のワンシーンみたい！

🎧 63

① ★ Shino, you are an amazing woman. **I want to spend the rest of my life with you.**

② ★ ...**Will you marry me?**

③ ★ ...**There's no way I can turn you down if you ask me that way**...

④ ...Yes. Yes, I will.

⭐ I want to spend the rest of my life with you.

「これからの人生、僕と一緒に過ごしてください」というプロポーズの決まり文句！
the rest of my life の rest は、ここでは「休憩」という意味ではなく「残りのすべて」といった意味で使う。他の例を挙げると、rest of us「残りの私たちは」などがある。

⭐ Will you marry me?

説明は不要でしょうか。カナダでも、日本でも、プロポーズの決まり文句はいつもストレートです。
1コマ目のように前置きをした後に、この言葉で締めるパターンが多いです。

⭐ There's no way I can turn you down if you ask me that way...

turn 人 down で「(申し出などを) 断る」という意味に。同じように使われている down の例として、let you down で「がっかりさせる」がある。

◎漫画を日本語で言ってみると…

★D: シノ、君はすばらしい女性だよ。これからもずっと一緒にいてほしい。
★D: 結婚してくれますか？
★S: そんなふうに聞かれたら断ることなんてできないじゃない…
　S: はい、よろしくお願いします。

Episode

05 言葉の由来は映画から♪

Let's cut to the chase.

カジュアル　フォーマル

翌日…恒例行事（!?）として、Qに報告に来た２人。１コマ目の英語を自然に言えたらネイティブっぽい！

🎧 64

1. ★ Let's cut to the chase. What's up?
2. ★ Umm... we are engaged now. Haha...
3. ★ WHAT!?!? GET THE F*CK OUT!!!
4. Wait... Your new year's resolution...is THIS!?

2　FEBRUARY　予想外のバレンタイン!?

⭐ Let's cut to the chase.

「さっさと本題に進むと、単刀直入に切り込むと」という意味のこちらのフレーズ。「まどろっこしいことは抜きにして」と言いたい時の決まり文句。ここでの chase は映画のクライマックスとなる「カーチェイス」のシーンからきていると言われている。つまり、「クライマックスまでいっきに飛ばそう」という意味合いが込められている。

⭐ We are engaged now.

エンゲージリングというように、結婚は marry だが、婚約は engage を使う。友人などに結婚の報告をする際は、このように言うことが多い。

⭐ GET THE F*CK OUT!!!

F-word を使用している語気が強いフレーズ。直訳は「出て行け！」だが、こういう場面で言うと「嘘だろ!! マジか!!!」という言い方になる。ちなみに、普通 Shut up! は「黙れ！」だが、こういう場面で言うと同じく「マジ!?」というニュアンスになる。

◎漫画を日本語で言ってみると…

★Q: ズバリ要点を言うと、どうしたの?
★D&S: えっと…婚約しました。はは…
★Q: はぁ!?!? マジか!!!
　Q: 待てよ…もしかして新年の目標って…これ?

Episode

06 「面食い」は英語で何て言う？

This guy is actually super picky.

そういえばQの恋愛話はあんまり聞いたことがないけど…恋バナが始まります。「面食い」「高嶺の花」…英語で言える？

🎧 65

① Now that I think about it, Q, you haven't had a girlfriend for a long time.

② ★ No, no, Shino. This guy is actually super picky.

③ ★ He always falls for girls way out of his league. I remember one time...

④ ★ Shut up dude. Just leave me alone!

⭐ This guy is actually super picky.

ここでは picky を「面食い」と訳しているが、要は「選り好みが激しい」という意味。異性のタイプだけでなく、食べ物やこだわりなどに対しても使える単語なので一度覚えたら活躍するシーンはたくさんあるはず。
例えば、Quit being so picky!「そんな、選り好みをやめろよ！」など。

⭐ He always falls for girls way out of his league.

fall in love と言うように、ここでの fall は「恋に落ちる」という意味で使われている。
out of one's league は「射程範囲にない」という意味で、例えば、Dude, give up. She is way out of your league.「やめとけよ。彼女は完全に高嶺の花だ」などと使われる。

⭐ Shut up dude. Just leave me alone!

「ほっとけ！」の決まり文句のひとつがこの Leave me alone!。直訳すると「1人にして！」という意味。
ドラマの喧嘩のシーンなどでよく耳にするが、使いすぎると友達が遠のいてしまうかも…

◎漫画を日本語で言ってみると…

S: そういえば今気づいたけど、Qってずっと彼女いなくない？
★D: 違うんだよ、シノ。この男はね、めちゃくちゃ面食いなのよ。
★D: いつも叶わぬ恋をしててだね。一度覚えてるのはさ…
★Q: うるさいなぁ、ほっといてや!

2月のおさらい＆もっと知りたい！ネイティブフレーズ

Catch up with this month!

- Around this time last year, we were still fighting big time!
 去年の今頃、すっごい喧嘩中だったよね！
- That brings me back.　懐かしいなぁ。
- I jumped to conclusions too quickly.
 早とちりしすぎちゃったよ。
- We went long-distance for a year, didn't we?
 １年も遠距離になっちゃったんだよね。
- I took a shot anyway.　試してみたんだよ。
- Couldn't really tell!　全然わからなかった。
- You are acting strange. = You are acting weird.
 何か様子が変だよ。
- You can't be serious, it can't be happening...!?
 うそでしょ、ホントに！？
- I want to spend the rest of my life with you.
 これからもずっと一緒にいてほしい。
- Will you marry me?　結婚してくれますか？
- There's no way 〜 .　〜することはない／〜できない。
- Let's cut to the chase.　What's up?
 ズバリ要点を言うと、どうしたの？

- [ ] We are engaged now.　私たち、婚約したんだ。
- [ ] GET THE F*CK OUT!!!　マジか!!!
- [ ] Now that I think about it, Q, you haven't had a girlfriend for a long time.

  そういえば今気づいたけど、Qってずっと彼女いないよね。
- [ ] This guy is actually super picky.

  この男はね、めちゃくちゃ面食いなのよ。
- [ ] He always falls for girls way out of his league.

  いつも叶わぬ恋をしててだね。
- [ ] Shut up dude. Just leave me alone!

  うるさいなぁ。1人にしてくれ！

●2月のフォーカス　〜恋愛のステップを英語で♥〜

▼3月で学べること
- ブライズメイドにベストマン…欧米の結婚式
- パーティ三昧(！?)の北米では見知らぬ人ともパーティで話すことも多い。見知らぬ人との打ち解け方
- 久しぶりに友達に会った時の定番フレーズ

3

MARCH

終わりよければ
すべてよし！

Episode

01 「善は急げ！」を英語で言おう！

There's no time like the present.

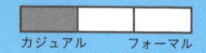

カジュアル　フォーマル

婚約の翌月には結婚式!?
ブライズメイドにブライダルシャワーなどなど、結婚式ひとつとっても日本とこんなに違うんです。

🎧 66

① ★ Again, isn't it kind of a rush to have your wedding this month?

Q is suiting up...

② ★ What are you talking about? You know what they say, "There's no time like the present."?

Shino is doing her make-up

③ Yeah, and we decided to have a small but warm, intimate one. It should be fine.

David is checking the guest list

④ ★ Whatever you say, I'm just saying.

Done!
Let's roll!

3 MARCH 終わりよければすべてよし！

⭐ Isn't it kind of a rush to have your wedding this month?

この場合の rush は「多忙、急ぎ」という意味。
「急いでいます！」と言いたい時は I'm in a rush! で OK。これに近い言い方だと I'm in a hurry! もある。ちなみに「結婚式」のことは一般的に wedding と言う。

⭐ You know what they say, "There's no time like the present."?

You know what they say は日本語にするとしたら「よく言うでしょ」。この場合の they は特定の誰かを示さず、一般化されている。
There's no time like the present. は「善は急げ」と訳しているが、「今よりもいいタイミングはない」ということ。

⭐ Whatever you say, I'm just saying.

Whatever you say は「（君が言うところなら）何でもいいけどさ」といった意味。I'm just saying は読んで字のごとく「言っているだけ、言ってみただけ」で、「受け入れてもらえるかわからないがとりあえずアイディアを提示してみた」というような場面で使うと覚えておくといい。

◎漫画を日本語で言ってみると…

★Q: やっぱりさ、今月ウェディングなんて、ちょっと唐突すぎん？
★S: 何を言ってるの？「善は急げ」ってよく言うでしょ。
 D: そうそう、近い人たちに囲まれて、小さくても温かいのにしたいから。大丈夫なはず。
★Q: はいはい、仰る通り。言うて見ただけやよ。

Episode
02 「おめでとう」の気持ちを込めて
All the best, Shino.

カジュアル　フォーマル

シノの ESL 時代（語学学校）から友達であるリンダも来てくれました。再会のハグはお決まり!!

🎧 67

1. Hey, Lynda! Thanks for coming!

2. ★ Wouldn't miss this for the world!

3. Awww, you are such a good friend! I love you so much.

4. ★ Love you, too. All the best, Shino. You look beautiful.

3 MARCH 終わりよければすべてよし！

⭐ **Wouldn't miss this for the world!**

「絶対逃すわけがない！」と言いたい時にピッタリ。
厳密に言えば、for the world は「世界がかかっていたとしても」という意味が込められているが、わざわざ訳されることは少ない。

⭐ **All the best, Shino.**

お祝いの言葉の決まり文句として「すべてのよい願いを、あなたに」という意味。
結婚式以外でも、誕生日や記念日などのおめでたい席で使えるので便利な一言！
その他にもお祝いの言葉として、Best wishes! や Congrats! などがある。

世界中から留学生が集まるバンクーバーでは出会いの数だけ別れもあるのが現実。リンダみたいな子はシノにとってかけがえのない存在だね！

◎漫画を日本語で言ってみると…

S: リンダ！来てくれてありがとう！
★A: そりゃ、これを逃す手はないよ！
S: あぁ、こんなにいい友達はいないよ。大好きだよ。
★A: 私もだよ。おめでとう、シノ。キレイだよ。

Episode

03 欧米の結婚式をのぞいてみよう

Do you swear to love each other in sickness and in health?

カジュアル　フォーマル

いよいよ結婚式です。新郎新婦の誓いの瞬間…厳粛な雰囲気です。
「病める時も健やかなる時も〜」って英語で何て言うんだろう？

🎧 68

① ★ Do you swear to love each other in sickness and in health?

② I do.

③ ★ You may exchange your rings… and now I pronounce you…
Thanks buddy!
Here you go!

④ husband and wife.

3 MARCH 終わりよければすべてよし！

⭐ **Do you swear to love each other in sickness and in health?**

日本語でいう「病める時も健やかなる時も、互いを愛することを誓いますか？」にあたる結婚式定番のフレーズ。
北米ではその他にも、minister（牧師）がオリジナルの誓いの文言を考えることも。

⭐ **Now I pronounce you husband and wife.**

man and wife と言うこともあるが、ジェンダーの観点から、husband and wife の方が当たり障りがない。
他にも、Exchange your vows.「誓いの言葉を交わしなさい」、Exchange your rings.「指輪の交換をなさい」、You may now kiss the bride.「誓いのキスを、花嫁に」などの定番フレーズがある。

ユニークな誓いといえば…筆者のホストシスターの結婚式では、「たまには旦那さんが釣りに行って友達と遊ぶのを許してあげられますか？」「奥さんのショッピングには目をつむってあげられますか？」といった文言でした！

◎漫画を日本語で言ってみると…

★A: 病める時も、健やかなる時も、お互いを愛すると誓いますか？
　S&D: 誓います。
★A: 指輪の交換をして…これをもって2人を…夫婦とします。

Episode
04 バーやパーティでお誘いする時に
Care to join me?

カジュアル／フォーマル

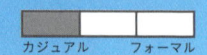

デイビッドとシノの結婚式でQにもようやく出会いが…？ best man とは「花婿介添人」のことで、花婿の親友や兄弟が務めます。

🎧 69

① RECEPTION PARTY... CLATTER CLATTER

② ★ Care to join me? You were Dave's best man, weren't you?
HEY YOU!

③ ★ I'm May, a friend of Shino. How do you know those two?
CUTE!

④ ★ Oh, Dave and I have been best buddies for years!
She is so gorgeous...
BLUSH...

⭐ Care to join me?

聞き慣れない言い回しかもしれないが、Do you want to join? のラフバージョン。care には「お世話をする」という意味の他に「気にかける、気にする」という意味もあるので「一緒に過ごすことに興味ある？」と聞いている。バーで素敵な異性に言われてみたいセリフかもしれない。

⭐ How do you know those two?

結婚式だけでなく、パーティやイベントなどで、知らない人同士が集まった際によく聞かれる一言。要は「あの人のことはどういうふうに知ったの？」と聞くためのワンフレーズ。those two の部分を代えると、How do you know him?「彼のことはどうやって知ったの？」と応用もきく！

⭐ Dave and I have been best buddies for years!

best buddy(buddies) は、英語っぽい言い回しで説明が難しいかもしれないが、平たくいえば「親友」。buddy は男性が使う単語で、女性同士であれば bestie がよく使われる。for years は、I've known him for years.「長年彼を知ってるね」などのように言う。

◎漫画を日本語で言ってみると…

★A: 一緒にどう？ あなた、デイヴのベストマンだったでしょう？
★A: 私はシノの友達でメイ。あの2人とはどうやって知り合ったの？
★Q: あぁ、デイヴと俺は昔からの親友なんだ!

Episode 05 フィナーレ！

I'll see you around.

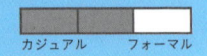

カジュアル／フォーマル

1年間にわたって3人のカナダ生活を追ってきましたが、これにてお別れ！
Thanks, everybody!!!!

🎧 70

① Needless to say, a lot has happened since I came to Vancouver.

OK~ Ready!? I will toss it now!

② I know there will always be good and bad in our lives. However, at least I can say...

③ ...I'm glad I can finish telling my story with a big smile.

Sorry... Calm down! Nooo
Lynda→

④ I'll see you around.

Fin.

3 MARCH 終わりよければすべてよし！

⭐ Needless to say, a lot has happened since I came to Vancouver.

Needless to say は少し硬めの言い方だが、日本語で言うと「言わずもがな、言うまでもなく」という訳がしっくりくる。a lot has happened は「いろんなことがありました」で文の主語は、a lot。

⭐ I know there will always be good and bad in our lives.

good and bad は「いいことも悪いことも」というよく聞かれる表現。文全体を見ると「人生っていいことも悪いことも両方あるよね」と締めくくりにふさわしいフレーズになっている。似た言い方に、元々ラテン語の pros and cons「メリット・デメリット」があるが、こちらはもっと利益・損失にフォーカスしているニュアンスを含む。

⭐ At least I can say…

at least は「最低でも、少なくとも」。例えば I have to save money, at least $8,000 in order to go on a honeymoon.「ハネムーンに行くなら、少なくとも8000ドルは貯めなきゃ」という例が挙げられるが、漫画のように「少なくともこれだけは言える」と数字を後につけなくても使うこともある。

◎漫画を日本語で言ってみると…

★S: ここであらためて言う必要もないけど、バンクーバーに来てから、色んなことがありました。人生には、いいことも悪いこともつきものですよね。でも、少なくとも…私のこのストーリーを、笑顔で終わらせることができてとても嬉しく思っています。みんな、ありがとう。また、ね。

3月のおさらい＆もっと知りたい！ネイティブフレーズ

Catch up with this month!

- [ ] Isn't it kind of a rush?　唐突すぎない？
- [ ] What are you talking about?　何を言ってるの？
- [ ] "There's no time like the present."　「善は急げ」
- [ ] It should be fine.　大丈夫なはず。
- [ ] Whatever you say, I'm just saying.
  はいはい、仰る通り。言ってみただけだよ。
- [ ] I'm in a rush! =I'm in a hurry!
  急いでいます！
- [ ] Wouldn't miss this for the world!
  そりゃ、これを逃す手はないよ！
- [ ] Awww, you are such a good friend!
  あぁ、こんなにいい友達はいないよ。
- [ ] All the best, Shino.　おめでとう、シノ。
- [ ] Best wishes! / Congrats!　おめでとう。
- [ ] You look beautiful.　キレイだよ。
- [ ] Care to join me?　一緒にどう？
- [ ] How do you know those two?
  あの２人とはどうやって知り合ったの？

- [ ] How do you know him?
  彼のことはどうやって知ったの？
- [ ] Dave and I have been best buddies for years!
  デイヴと俺は昔からの親友なんだ！
- [ ] I've known him for years.
  長年彼を知ってるんだ。
- [ ] Needless to say, a lot has happened ever since I came to Vancouver.
  ここであらためて言う必要もないけど、バンクーバーに来てから、色んなことがありました。
- [ ] I know there will always be good and bad in our lives.
  人生には、いいことも悪いこともつきものですよね。
- [ ] At least I can say...
  でも、少なくとも…
- [ ] I have to save money, at least $8,000 in order to go on a honeymoon.
  ハネムーンに行くなら、少なくとも8000ドルは貯めなきゃ。

Q のつぶやき Coffee Break ⑥

メッセージやチャットでよく使う略語

lol … laugh out loud
爆笑

btw … by the way
ところで

rofl … rolling on the floor laughing
笑い転げてる

fyi … for your information
参考までに

brb … (I will) be right back
すぐ戻る

bbl … (I will) be back later
後で戻ってくる

dunno … I don't know
知らない、分からない

ttyl … talk to you later
また後で

wtf … what the f**k
はぁ!?何それ!?

lamo … laugh my ass off
大爆笑

smh … shake my head
やれやれ（首を横に振る動作）

jk … just kidding
冗談冗談

omg … oh my god
オーマイガッ!

omw … on my way
今向かってる

wut r u doin 2nite … What are you doing tonight
今夜は何してるの

これはほんの一例、他にもいろんな種類があるよ！

Qのつぶやき Coffee Break ⑦

日本と違う向きの絵文字！

英語の顔文字（emoticons）は…

:-) → ･ン → :)

このように回転させて読むことが多い！

------ よく使うemoticons ------

:) = 笑顔
:-) = 笑顔
:-D = 大きな笑顔
XD = 興奮
;-) = ウィンク
:-P = あっかんベー
:-O = 驚き
o-o = 驚き*
:^* = キス、チュッ
:'(= 涙

:(= ムッ…
:-(= ムッ…
>:(= 怒っている
-> = → (右矢印)*
<- = ← (左矢印)*
<3 = ハート
</3 = 壊れたハート
o/\o = ハイタッチ*
@>-- = バラ

*が付いているものはそのままの向きで読む

Qのつぶやき Coffee Break ⑧

一目でわかる　暑い&寒いの度合い

- **scorching** 焦げつくような — 40℃
- **hot** 暑い — 35℃
- **warm** 暖かい — 25℃
- **nice** 心地よい — 20℃
- **cool** 涼しい — 15℃
- **cold** 寒い — 5℃
- **freezing** 凍えるような — 0℃

● 著者の Q. について ●

■本書のウェブサイト

http://books.qroni.ca/
Q. の著作についてもっと知りたい方は GO ！

■ Q. のウェブサイト

http://qroni.ca/
お問い合わせはこちらからお願いいたします。

■ 4 コママンガブログ「バンクーバーな僕ら」

http://bokura.opdsgn.com/
この街に住む僕らのありふれた日常は刺激に溢れているらしい…バンクーバーに暮らす日本人クリエーターの日常を描いた人気マンガブログ！

■カウンセラー / アドバイザー等を務める留学関連会社

・COS カナダ留学サポートデスク
　http://cosvancouver.com/
・Frog Creator Production Inc.
　http://frogagent.com/

あとがき

　まずは、本書を手に取ってお読みいただきまして、本当にありがとうございました。

　このあとがきを書いている時点で、初作を出版させていただいてから、早いもので1年と9ヶ月が過ぎました。

「2冊目はいつ出るのですか？」

　初作を出した際にお話した読者の方から、半分冗談で聞かれていたことが今まさに実現しようとしているこの瞬間、何だか白昼夢にいるような気持ちで、フワフワとしております。

　今回も色々な方々のおかげで、無事出版にこぎつけることができました。嬉しく思うと同時に、やはり感謝の気持ちでいっぱいです。

　今回も根気強くリードしていただいた明日香出版社の編集担当の余田さんには本当に頭が上がりません。また、営業の方々や、装丁デザインを手がけてくださったデザイナーの方、カナダで深夜にまでおよぶ校正に何度も付き合ってくれた友人の Chuck にも本当に感謝しています。COS カナダ留学サポートデスクや Frog Creator Production Inc. での何百人分

にもおよぶ留学相談カウンセリングを通して、多くの留学生の生の体験を吸い上げて執筆に活かすことも叶いました。

　今回は音源をより充実させ、あらたに3名の素晴らしいボイスアクターの方々の協力も得ることができました。おかげで、かなりレベルの高い音源になっています。**実際、できあがってきた音源のチェックをした時に"ゾクッ…"と武者震いしたほどすばらしい出来映えです**。「自分が描いたキャラクターたちが活き活き話している！」と、チェックを忘れて流れてくる音源に心を奪われてしまったほどです。
　また、余田さんからいただいた提案ですが、それぞれのキャラクターのセリフをポーズ（空白）にして、自分で声に出して練習ができるようになっている工夫もとても気に入っています。

　長くなりましたが、この場を借りて、本書の制作に携わっていただいたすべての方にあらためてお礼を伝えたいです。本当にありがとうございました。

　初作の出版以降、ありがたいことに自分が英語を学んできた経験やそれに基づく考えをお話させていただくチャンスが多くありました。本書11月の章で挙げたルールは、そういった機会で、今まで一貫して話してきたことを再度練り直しま

とめあげ、根幹の部分をルールとして落とし込んだものです。
　11月の章で挙げたルールの中で、最初に頭に浮かんだ1番大切だと思っていることが5番目の「**Always remember to make it fun.**」というものです。

　"楽しく勉強する"ことの代表例として、よく「映画を英語で見るといい」「洋楽を聞くといい」といったことが言われます。もちろん私自身もそういった方法をたくさん試してきました。でも当然の事ながら、楽しんでいるだけの学習では、まったく英語は話せるようにはなりませんでした。やはり、そこから学び取る努力がなければ、成果は出ないのです。だから、**have fun (＝楽しもう) ではなく make it fun (＝楽しくなるようにしよう)** としています。これだけやればアナタも楽しみながらペラペラに…みたいな方法があったら、今頃勤勉な日本人は全員イングリッシュスピーカーですもんね。

　現実は、語学学習の根幹を担う部分はやはり、単語を覚えたり、やっとのことで一言をひねり出したり、何をどうやっても通じない悔しさを味わったりと、つまらない部分やおもしろくないことが多いはずです。それをいかにうまくつなぎ合わせて、勉強自体のストレスや抵抗感を減らし、自分の身になる学習を継続するか。そこにこそ楽しさというエッセン

ス、言わば"つなぎ"を使うべきなのです。**「おもしろくない英語の勉強が、どうやったらおもしろいものになるか」を考えるのが、本当に大切な部分**だと私は信じています。

　繰り返しになる部分もありますが、本書はそういうコンセプトをもとに制作されています。初作と同じく、「これさえ持っていれば大丈夫」という保守的な本にしたつもりはありません。これを読んだことがキッカケで、「こんな考え方もありか！」と、ご自身なりの試行錯誤を楽しんでもらえれば、著者としてこんなに嬉しいことはありません。

　本書がどうか、皆さんの楽しい英語習得の一端を担えますように。

Peace out ;-)
Q. こと、米田貴之

■著者略歴
米田　貴之（よねだ　たかゆき）

英語講師／留学カウンセラー／イラストレーター

京都生まれ。2003年、文部科学省公認のプログラムにより、日加両国間の文化的な橋渡しとなるべくカナダ・サスカチュアン州の公立高校に編入。もともと海外生活に興味があったものの、英語なんて話せない「フツーの日本の高校生」が突然「カナダのハイスクールスチューデント」としてネイティブだらけの環境に身を置くことになり生活が一変！

カナダ生活はじめの1週間は英語も文化も理解できず、地獄のような思いをするが、ネイティブが使うフレーズを見よう見まねで使うなかで英語力を上げ、異文化にも適応してきた。

現在はバンクーバーに在住。現地留学エージェント「COSカナダ留学サポートデスク」及び、クリエイターの留学をサポートする「Frog Creator Production Inc.」で留学カウンセラー／アドバイザーを務める他、英語講師、漫画家、イラストレーター（「Q」名義）と活躍の幅を広げている。留学生に日々触れることで英語学習者のニーズをとらえ、イラストを交えて説明する独自の手法は、教鞭を執るオンライン授業「スクー」でも好評。大のコーヒー好き。

本書の内容に関するお問い合わせ
明日香出版社　編集部
☎(03) 5395-7651

音声DL付き バンクーバー発！4コマ漫画で体感するから話せる英語フレーズ

2015年 10月 27日　初 版 発 行

著 者　米　田　貴　之
発行者　石　野　栄　一

〒112-0005 東京都文京区水道2-11-5
電話 (03) 5395-7650 (代 表)
　　 (03) 5395-7654 (FAX)
郵便振替 00150-6-183481
http://www.asuka-g.co.jp

ア 明日香出版社

■スタッフ■　編集　早川朋子／久松圭祐／藤田知子／古川創一／余田志保／大久保遥
　　　　　　営業　小林勝／奥本達哉／浜田充弘／渡辺久夫／平戸基之／野口優／
　　　　　　横尾一樹／田中裕也／関山美保子　　総務経理　藤本さやか

印刷　株式会社フクイン
製本　根本製本株式会社
ISBN978-4-7569-1799-7 C2082

本書のコピー、スキャン、デジタル化等の無断複製は著作権法上で禁じられています。
乱丁本・落丁本はお取り替え致します。
©Takayuki Yoneda 2015 Printed in Japan
編集担当　余田志保

**バンクーバー発！ ４コマ漫画で体感するから身につく
ほんとに使えるリアルな英語フレーズ**

米田　貴之

漫画だから「すっと入る!!」
英語を「勉強」しても上達しなかった方へ、マストトライな漫画の語学書！ ４コマ漫画で３人の登場人物のカナダ生活を視覚的に追うことで生のフレーズが手に入る一冊です！

本体定価 1500 円＋税　B6　224 ページ
ISBN4-7569-1670-9　2014/01 発行